이 책은 하나님께서 성령의 감동으로
이재옥 목사를 복음 전하는 사역에 쓰셨기에,
출간된 은혜의 선물입니다.
단 한 가지라도 사람의 의가 드러나지 않기를 바라며,

**오직 하나님께만
모든 감사와 영광을 돌립니다.
할렐루야!**

이재옥 목사 설교집

행복한
예배자

이재옥 지음

인터웰

"너희는 세상의 빛이라"

_마태복음 5:14

그리스도인이 세상의 빛이라 하심은
그리스도인의 사회적인 역할을 말씀하심입니다.
그리스도인은 사회의 어둠을 밝히는 역할을 해야 합니다.
그리스도인이 빛 됨은 세상의 빛으로 오신 그리스도를
영접하였기 때문입니다(요 1:4, 8:12).
그 빛은 그리스도 예수를 믿는 믿음 안에서 변화된 삶이며,
그리스도 예수를 따르는 삶에서
세상의 빛으로서의 역할이 가능한 것입니다.

프롤로그

하나님의 은혜로
43년 목회를 마무리하며

1979년 4월 29일에 화평교회를 개척하고 43년, 쉼 없이 오직 목회의 외길을 걸어왔습니다. 그 모두가 한없는 하나님 아버지의 은혜였음을 고백합니다. 하나님의 '때를 따라 도우시는 은혜'가 아니었으면, 결코 감당해 낼 수 없는 일이었습니다.

저는 1975년부터 충남 대천의 농촌 교회(안디옥교회)를 전도사로 담임하며 섬기다, 1978년 8월에 서울 신성교회 전임전도사로 부임했습니다. 농촌 교회와 서울의 교회는 여러 면에서 많이 달랐기에, 새로운 마음가짐으로 제게 주어진 사역에 최선을 다하였습니다.
매일같이 아침부터 저녁까지 몇 번이나 언덕길을 오르내리며 성도들을 심방하고 낙심한 가정들을 보듬었습니다. 새벽기도회, 수요기도

회, 금요기도회, 주일예배와 설교까지도 열심히 감당하다 보니, 교회는 빠르게 회복되었고 교우들의 얼굴엔 다시 생기가 넘쳤습니다.

이듬해 3월에 짧은 신성교회 사역을 사임하고, 협력 개척 멤버들(권영옥/길은순, 오광호/박동숙, 백사문/정봉화, 김정수/공영갑, 조성대/박현숙)과 모임을 시작하여, 4월 29일에 화평교회 설립예배를 드렸습니다. 그 후 성동구 행당동에 있던 교회를 1981년 4월 25일 강동구 암사동으로 이전하여 오늘에 이르렀습니다.
그동안 수고와 헌신으로 합심 협력해 준 개척 멤버들에게 무엇보다 감사하지만, 이 또한 항상 함께하시고 인도해주시는 하나님의 은혜였음을 고백하며 무한한 감사를 드립니다.

　　43년 짧지 않은 세월을 화평교회를 섬기고 마무리하면서 생각해보면 교우들이 정말 감사합니다. 1985년에 예배당을 본 건물로 이전하고 교회가 크게 부흥을 이루며 필요에 따라 건물 면적을 늘려 나갈 때, 교우들 모두 즐겁게 동참하며 헌신해주었습니다. 목사의 미숙함에도 참고 기다려주며, 특별할 게 없는 설교에도 사랑으로 받아들이고 삶으로 반응해 준 모든 교우님들이 더 없이 귀할 뿐입니다.

　　저의 목회를 마무리하는 기념으로 설교집을 출간해 교우들과 나누자는 장로님들의 권유에 따라, 2018년도 설교문 중에서 발췌하여 《행복한 예배자》를 내게 되었습니다. 설교와 더불어 화평교회의 지난 43년 발자취를 더듬어 볼 수 있도록 몇몇 일들을 중심으로 자료 사진과 간략한 설명을 덧붙였습니다. 사실 목회자들이 설교집을 출간하는 것은 매우 우려스러운 일이기도 합니다. 교우들에게 그때그때 했던 설교를 글로 남기고 공개하는 일이기 때문입니다. 아무리 다듬어도 여전히 미숙하고 부실함이 드러나기 때문입니다.

그럼에도 불구하고 화평교회 교우들의 지극한 사랑이 고맙고 감사하여 교우님들을 사랑하는 마음으로 이 책을 내어놓습니다. 이미 들었고 아시는 말씀이지만, 글로 새겨 읽으면서 다시금 깨닫고 은혜받는 복된 기회가 되기를 바랍니다.

2022년 4월 화평교회를 섬기고 고마운 마음으로 은퇴하는

이재욱 목사

차례

프롤로그 · 6

 설교 1_ 시냇가에 심겨진 나무 15

 설교 2_ 예수면 충분합니다! 33

에세이/ 조성대 원로장로 · 50

 설교 3_ 믿음이면 충분합니다! 53

 설교 4_ 교회면 충분합니다! 71

에피소드/ 오광호 장로 · 85

 설교 5_ 성경이면 충분합니다! 87

에피소드/ 김경수 목사 · 100

 설교 6_ 성경을 읽고 배우는 이유 103

에피소드/ 정봉화 권사 · 115

 설교 7_ 예배란 무엇입니까? 117

 설교 8_ 참되게 예배하라! 127

에피소드/ 길은순 권사 · 141

 설교 9_ 하나님을 예배하라! 143

 설교 10_ 예배하는 사람들 155

에세이/ 안진회 장로 · 168

 설교 11_ 하나님이 받으시는 예배 171

 설교 12_ 하나님을 예배하는 행복 185

에피소드/ 윤현수 목사 · 201

설교 13_ 예배를 위한 공동체 203

에피소드/ 김 일 목사·220

설교 14_ 예배자의 삶과 다짐! 223

에피소드/ 이일복 목사·242

설교 15_ 예수 믿음이 행복입니다! 245

설교 16_ 문제를 통해 부흥하는 교회 261

에세이/ 김재선 목사·272

설교 17_ 즐거운 교회, 행복한 일꾼! 277

에피소드/ 이기찬 목사·288

에피소드/ 김병학 장로·289

설교 18_ 마지막 한 번! 291

에피소드/ 이상헌 담임목사 · 302

설교 19_ 시몬을 청하라! 305

에피소드/ 강동열 목사 · 318

설교 20_ 나와 내 집은! 321

에세이/ 이재옥 원로목사 · 336

부록 1_   화평교회 43년의 발자취 · 341

부록 2_   화평지교회 · 화평선교회 사역의 현장 · 349

SERMON 1

시냇가에 심겨진 나무

예레미야 17:5-8

5 여호와께서 이와 같이 말씀하시니라 무릇 사람을 믿으며 육신으로 그의 힘을 삼고 마음이 여호와에게서 떠난 그 사람은 저주를 받을 것이라

6 그는 사막의 떨기나무 같아서 좋은 일이 오는 것을 보지 못하고 광야 간조한 곳, 건건한 땅, 사람이 살지 않는 땅에 살리라

7 그러나 무릇 여호와를 의지하며 여호와를 의뢰하는 그 사람은 복을 받을 것이라

8 그는 물 가에 심겨진 나무가 그 뿌리를 강변에 뻗치고 더위가 올지라도 두려워하지 아니하며 그 잎이 청청하며 가무는 해에도 걱정이 없고 결실이 그치지 아니함 같으리라

* 어떤 때에 마음이 여호와에게서 떠난다고 했습니까?

....

* 마음이 여호와에게서 떠난 사람의 삶을 무엇과 같다고 했습니까?

....

* 여호와를 의지하는 사람의 삶은 무엇과 같다고 하였습니까?

....

* 오늘을 살아가는 당신의 삶은 어느 쪽에 속한다고 생각됩니까?

....

나무는 어떤 땅에 심겨지느냐에 따라 그 생육의 정도가 달라집니다. 아무리 좋은 품종의 나무일지라도 척박한 땅에 심겨지면 제대로 자라나지 못합니다.

그와 같이 우리의 인생도 어디에 뿌리를 내리느냐에 따라 그 삶의 모습과 인생의 의미가 달라지는 것입니다.

1
사막과 시냇가

성경의 배경이 되는 가나안 즉 팔레스타인의 기후는 우기와 건기로 나뉩니다. 우기에는 자주 비가 내리고 곳곳에 작은 시내가 흐르고 대지는 각종 아름다운 꽃들과 푸르름으로 덮입니다. 농부들은 우기에 씨를 뿌리고 농사를 짓습니다. 그러다가 건기로 접어들면 흐르던 작은 시내들은 흔적만 남기고 모두 사라집니다. 대지의 모든 푸르름이 걷히고 황톳빛으로 변합니다.

그러나 건기에도 마르지 않는 시내는 요단강뿐입니다. 단에서부터 갈릴리로 흘러드는 물이 다시 갈릴리호수에서 사해를 향해 흐르는 이곳이 요단강입니다. 요단강변을 따라서는 항상 푸른 나무들로 숲을 이룹니다.

시냇가는 모든 동식물이 자라는 데 최적의 환경입니다. 그래서 대도시들은 대체로 큰 강을 끼고 만들어지고, 그 부근에는 원예와 낙농업이 활발합니다. 시냇가에 심겨진 나무들은 항상 푸르고 청청하게 자라 때가 되면 튼실하게 결실을 맺습니다. 가뭄이 드는 해에도 걱정이 없습니다. 이것이 시냇가에 심겨진 나무의 모습입니다.

그 반면에 사막은 모든 동식물이 생존할 수 없는 최악의 환경일 것입니다. 특히 성경의 배경이 되는 이집트 사막, 혹은 유대 광야는 어떤 종류의 식물도 자생하기에 가장 나쁜 환경입니다. 사막에서도 모진 생명력으로 살아남는 식물이 더러 있지만, 번성할 수는 없습니다.

그처럼 사막에서는 좋은 일이 오는 것을 결코 볼 수 없습니다.

2
사막에 거주하는 인생

에덴동산에 살던 아담과 하와는 하나님 앞에 거하였습니다. 그들은 하나님과 교통하며 교제하는 삶이었습니다. 에덴동산은 그 어떤 부족함도 없었기에 그곳은 근심도 걱정도 없었습니다. 하지만 타락하고 에덴동산에서 쫓겨남으로, 아담과 하와에게 하나님 없는 삶이 시작되었습니다. 그 삶은 에덴동산에서의 삶과는 전혀 달랐습니다. 형벌과 고통이 따르는 삶이었습니다.

아담 안에서 타락한 모든 사람은 근본적으로 하나님을 알지 못합니다(고전 1:21). 그러므로 그들의 삶은 마치 사막과도 같습니다. 인생에서 항상 메마름을 겪게 되고, 온갖 위험에 노출되어 있으며, 그래서 근심 걱정이 떠날 날이 없습니다.

》 마음이 하나님에게서 떠난 사람

"무릇 사람을 믿으며 육신으로 그의 힘을 삼고 마음이 여호와에게서 떠난 그 사람은" 렘 17:5

'마음이 여호와에게서 떠난 그 사람'은 아담 안에서 타락하여 하나님을 잃어버린 모든 사람들을 가리키는 것일 수 있습니다. 그들은 눈에 보여지는 것들로 힘을 삼고, 하나님을 알지 못하기에 하나님에게서 멀리 떠난 것입니다.

하지만 본문에서의 의미는 하나님의 선택과 부르심을 받고 하나님의 이름으로 구별함을 받은 사람들 중에 어떤 사람들을 가리키는 말씀입니다. 그들은 구약시대 이스라엘 사람입니다. 이스라엘은 아브라함 안에서 하나님의 선택을 받은 자들이고, 하나님이 친히 조성하셨고, 부르셔서 구별한 민족입니다. 그들은 하나님의 이름으로 구별함을 받은 하나님의 백성들인 것입니다.

그 이스라엘 백성들 중에 그 마음이 하나님에게서 떠난 자들이 있다는 것입니다. 그들은 "사람을 믿으며, 육신으로 그의 힘을 삼는다"

라고 하였습니다. 보이지 않는 여호와 하나님보다 보이는 것에 더 의지한다는 의미입니다. 눈에 보이는 사람, 혹은 사람들로 말미암는 힘에 더 의지하는 것입니다. 그들이 하나님과 전혀 관계없는 사람이란 것은 아닙니다.

사실 그들은 형식상으로는 다른 하나님의 사람들과 별반 다르지 않았습니다. 안식일을 준수하였고, 하나님의 성전에 나아가 제사도 지냈습니다. 보여지는 신앙의 형식에는 다름이 없었지만, 문제는 그들의 삶이었습니다. 삶의 현장에서는 하나님을 찾지 않았으며, 하나님께 의지하는 믿음이 없었던 것입니다. 그들이 의지하는 것은 보이는 환경이나 재물, 혹은 그 같은 힘을 가진 사람들이었습니다.

그러한 일이 구약시대 이스라엘 백성들에서만 있었던 것은 아닙니다. 오늘날 우리 그리스도인들의 삶에서도 흔히 볼 수 있는 모습입니다. 그리스도인은 그리스도 예수를 믿고 구원받은 사람을 가리킵니다. 우리가 그리스도인이 된 것은 하나님의 선택과 부르심으로 말미암은 은혜요, 복이라고 성경은 가르칩니다. 아담 안에서 타락하고 하나님을 잃어버린 인간은 스스로 하나님을 찾을 수 없으며, 스스로 구원에 이를 수 없습니다. 그런 우리가 그리스도 예수를 믿고 구원받은 것은 순전히 하나님의 은혜의 결과입니다(엡 2:8).

그리스도인은 곧 그리스도께 의지하는 사람입니다. 그리스도 예수를 믿는 믿음 안에서 아버지 되신 하나님을 신뢰하고 의지하는 사람들입니다. '하나님을 신뢰하고 의지하는 사람', 그들이 그리스도인이고 믿음의 사람들입니다.

당신은 그리스도인입니까?
우리가 그리스도인이라면 우리들의 삶에서,
생활 현장에서 하나님을 신뢰하고 의지해야 합니다.

그런데 지금 우리는 어떻게 살고 있습니까? 진정으로 하나님을 신뢰하고 의지하는 믿음으로 살고 있습니까? 아니면 보이지 않는 하나님보다 보이는 것들, 곧 재물이나 환경, 자기 지식과 경험, 사회적인 지위, 이웃 사람들에게 더 의지하고 살고 있지는 않습니까?

물론 우리가 세상을 살아가는 데는 눈에 보여지는 능력도 중요합니다. 인간은 사회적인 존재이므로 학력이나 경제력, 지식, 경험, 건강, 과학적인 수단들, 환경 등은 모두 필요한 요소입니다. 이런 것들이 우리 삶에 유익을 주고, 우리 삶을 편리하게 하는 것도 사실입니다. 그것을 필요 없다고 부정할 이유는 아무것도 없습니다.

이런 것들은 모두 눈에 보여지는 것이고 현실적인 것들이기 때문에, 사람들은 이런 것을 더 신뢰하고 의지하게 됩니다. 그리스도인들마저도 눈에 보이지 않는 하나님보다 보여지는 현실적인 것들에 더 의지하는 것입니다. 문제는 보이는 것들에 의지하는 만큼 하나님에게서 그 마음이 멀어지는 것입니다.

지금 우리는 환난 시대에 살고 있습니다. '코로나19'는 환난의 시작에 불과합니다. 수만 가지 질병이 인간의 건강을 위협하고 있지만, 첨단 의료장비와 의학기술로도 명확히 알 수 없는 다양한 질병들이 적지 않습니다. 그래서 갖가지 질병으로 인간은 고통을 겪고 있습니다. 성경은 몸이 아프면 하나님 앞에 기도하라고 가르칩니다.

"믿음의 기도는 병든 자를 구원하리니 주께서 그를 일으키시리라"
약 5:15

그런데 여러분은 어떻습니까? 물론 기도하시는 분들도 많이 있지만, 어떤 분들은 기도할 마음은 전혀 없고 그냥 병원 가고, 약 먹으면 된다는 생각뿐입니다. 물론 병원도 가고, 약도 먹어야 합니다(그 모든 것도 하나님이 주신 은혜이고, 하나님이 쓰시는 수단입니다). 그러나 하나님의 은혜를 구하는 것이 먼저라는 것입니다. 그런데 지금은 기도하기보다 현실적이고 손쉬운 방법을 더 의지하기 때문에, 기도하려고 하지 않습니다.

해마다 10월이 되면 독감 예방 접종을 받습니다. 매년 맞았고 문제없었기 때문에 이번에도 아무 생각 없이 접종받았는데, 이튿날부터 온몸이 아파져 오더니 콧속이 헐고, 입술이 다 부르터서 엉망이 되었습니다. 한 번도 그런 일이 없었는데 무엇이 문제였지? 예방주사만 맹목적으로 신뢰할 뿐, 그것을 통해 일하시는 하나님은 찾지 않았던 것입니다. 예방주사를 맞을 수 있는 것도 은혜이고, 그 효과를 보는 것도 다 하나님의 은혜인데, 하나님의 은혜에 의지하거나 감사하지 않았다는 것을 깨달았습니다. 보여지는 것들을 손쉽게 찾고 의지하면서, 결국은 하나님을 찾지 않게 되며 의지하지 않게 된다는 것입니다. 그것이 곧 인간의 마음이 하나님에게서 떠난 것입니다.

》 좋은 일을 보지 못한다

"무릇 사람을 믿으며 육신으로 그의 힘을 삼고 마음이 여호와에게서 떠난 그 사람은 저주를 받을 것이라, 그는 사막의 떨기나무 같아서 좋은 일이 오는 것을 보지 못하고 광야 간조한 곳, 건건한 땅, 사람이 살지 않는 땅에 살리라" 렘 17:5-6

사막의 메마른 땅에 심겨진 나무는 좋은 결실을 기대할 수 없다는 것이 본문 말씀입니다. 나무만 두고 하는 말씀이 아닙니다. 세상을 사랑하고 의지함으로 하나님에게서 그 마음이 떠난 사람들의 삶도 결국 그와 같다는 것입니다. 우선은 세상을 사랑하고 그것들에 의지하는 게 더 현실적이고 잘되는 것 같지만, 그것은 사막에 심겨진 것과 같아서 그 삶에서 복되고 좋은 일을 기대할 수 없습니다. 결국에는 시들고 메말라지는 것입니다.

하지만 세상에는 세상을 사랑하면서 눈에 보이는 것들에 의지하고 꿈을 꾸며 욕심부리는 사람들이 많습니다. 자신의 능력과 지식, 경험과 배경에 의지하고 충분히 잘될 수 있다고 확신에 차 있는 사람들도 있습니다. 그렇지만 한 가지 놓친 게 있습니다. 하나님이 복을 주시지 않으면, 스스로 복될 수 없다는 것입니다.

"여호와께서 집을 세우지 아니하시면 세우는 자의 수고가 헛되며 여호와께서 성을 지키지 아니하시면 파수꾼의 깨어 있음이 헛되도다, 너희가 일찍이 일어나고 늦게 누우며 수고의 떡을 먹음이 헛되도다 그러므로 여호와께서 그의 사랑하시는 자에게는 잠을 주시는도다"
시 127:1-2

척박한 사막의 땅에 심겨진 나무는
결코 좋은 일이 오는 것을 볼 수 없습니다.

3
시냇가에 심겨진 나무

"그러나 무릇 여호와를 의지하며 여호와를 의뢰하는 그 사람은 복을 받을 것이라, 그는 물가에 심겨진 나무가 그 뿌리를 강변에 뻗치고 더위가 올지라도 두려워하지 아니하며 그 잎이 청청하며 가무는 해에도 걱정이 없고 결실이 그치지 아니함 같으리라" 렘 17:7-8

이스라엘의 기후는 '건기와 우기'로 나뉜다고 앞에서 설명하였습니다. 우기에는 비가 자주 내리지만, 건기에 접어들면 비가 전혀 내리지 않습니다. 흐르던 시냇물도 모두 말라버려 더 이상 흐르는 물을 찾을 수 없습니다.

이스라엘 땅에 사시사철 마르지 않는 강이 있는데, 바로 요단강입니다. 그래서 요단강변에는 항상 수목이 울창합니다. 건기가 닥쳐도 그곳에 심겨진 나무들은 아무 걱정없이 열매를 맺고 잘 영글어 거둘 수 있습니다.

여호와 하나님께 의지하며 의뢰하는 사람은 마치 시냇가에 심겨진 나무와 같다고 하였습니다. 여기서 성경은 하나님을 가리켜 '생명수 시내'로 비유하였습니다. 하나님이 생명의 근원이시고, 하나님이 복의 근원이시기 때문입니다. 그러므로 우리 삶이 복되려면, 그 하나님을 가까이하며 하나님께 뿌리내린 삶이 되어야 합니다. 그러므로 성경은 하나님을 가까이함이 복이라고 하였습니다(약 4:8, 시 73:28).

예수님은 말씀하셨습니다.

"내가 온 것은 양으로 생명을 얻게 하고 더 풍성히 얻게 하려는 것이라" 요 10:10

주님은 우리에게 생명을 주셨으며, 그 생명을 더욱 풍성하게 하십니다. 그렇지만 그 삶이 사막에 심겨 있으면 풍성하게 될 수 없습니다. 생명수 시냇가에 심겨져야 생명의 풍성을 누리는 것입니다.

하나님께 의뢰하고 의지하는 것이
생명수 시냇가에 심겨지는 것입니다.

4
어떻게 하나님을 의지합니까?

» 하나님의 말씀을 실천하는 삶이다

"복 있는 사람은 악인들의 꾀를 따르지 아니하며 죄인들의 길에 서지 아니하며 오만한 자들의 자리에 앉지 아니하고, 오직 여호와의 율법을 즐거워하여 그의 율법을 주야로 묵상하는도다, 그는 시냇가에 심은 나무가 철을 따라 열매를 맺으며 그 잎사귀가 마르지 아니함 같으니 그가 하는 모든 일이 다 형통하리로다" 시 1:1-3

하나님의 말씀을 가까이하는 것이 중요합니다. 말씀을 읽고 듣고 실천하는 것이 곧 하나님 말씀에 뿌리내리는 것입니다. 말씀에 뿌리내린 삶은 시냇가에 심겨진 나무같이 그 행사가 다 형통하리라 하였습니다.

복 있는 사람은 "악인들의 꾀를 따르지 아니하며 죄인들의 길에 서지 아니하며 오만한 자들의 자리에 앉지 아니하고"라 했습니다.

그렇게 살겠다고 우리가 결심하고 다짐하는 것도 중요하지만, 그런다고 악인의 꾀를, 죄인의 길을, 오만한 자의 자리를 피할 수는 없습니다. 하나님의 말씀이 가까워야 합니다. 마음이 말씀에 붙들려지고, 채워지면 악인의 꾀도, 죄인의 길도, 오만한 자의 자리도 피할 수 있습니다. 그러므로 성경에 말씀하셨습니다.

"청년이 무엇으로 그의 행실을 깨끗하게 하리이까 주의 말씀만 지킬 따름이니이다, 내가 주께 범죄하지 아니하려 하여 주의 말씀을 내 마음에 두었나이다" 시 119:9, 11

» 우리는 예배로 하나님을 의지한다

예배는 하나님을 인정하는 최고의 신앙고백입니다. 예배라는 헬라어 단어의 의미에는 "가까이한다"라는 뜻이 있습니다. 예배는 하나님을 가까이하는 것입니다. 예배의 자리에 하나님이 임하시고, 우리는 그 하나님 앞에 머무는 것입니다. 그러므로 하나님께 예배드리는 것이야말로 하나님을 신뢰하고 의지하는 것입니다. 예배의 자리를 사모하시기 바랍니다. 예배를 위해 시간을 쓰고, 온 마음을 다하여 힘쓰고 노력하기를 바랍니다.

예수님은 요한복음 4장 23절에, "아버지께서는 이렇게 자기에게 예배하는 자들을 찾으시느니라"라고 말씀하셨습니다. 그러므로 하나님께 예배드리는 것은 곧 시냇가에 심겨지는 삶이 되는 것입니다.

》 하나님을 찾고 기도하는 것이다

　기도는 하나님을 찾는 것이며, 의지하는 신앙 행위입니다. 그래서 그리스도인들은 모든 일에 기도하고 하나님을 찾는 것입니다. 우리가 항상 기도하고 하나님을 찾을 때, 그 삶이 시냇가에 심겨진 나무처럼 풍성하게 되는 것입니다.

그리스도 예수를 믿고 구원받은 그리스도인은 시냇가에 심겨진 나무와 같습니다.
그리스도의 생명에 뿌리내렸기 때문입니다. 항상 푸르고 청청하며 시절을 따라 열매를 맺음으로 그같은 사실이 드러나는 것입니다. 그러나 그리스도를 믿고 구원받았음을 고백할지라도 전적으로 하나님을 신뢰하고 의지함이 없이 내 힘으로, 내 지혜로 살아가겠다고 한다면, 그리스도 안에서 생명의 풍성함을 누리지 못할 것입니다.

SERMON 2

예수면
충분합니다!

사도행전 4:8-12

8 이에 베드로가 성령이 충만하여 이르되 백성의 관리들과 장로들아

9 만일 병자에게 행한 착한 일에 대하여 이 사람이 어떻게 구원을 받았느냐고 오늘 우리에게 질문한다면

10 너희와 모든 이스라엘 백성들은 알라 너희가 십자가에 못 박고 하나님이 죽은 자 가운데서 살리신 나사렛 예수 그리스도의 이름으로 이 사람이 건강하게 되어 너희 앞에 섰느니라

11 이 예수는 너희 건축자들의 버린 돌로서 집 모퉁이의 머릿돌이 되었느니라

12 다른 이로써는 구원을 받을 수 없나니 천하 사람 중에 구원을 받을 만한 다른 이름을 우리에게 주신 일이 없음이라 하였더라

* 예루살렘 공의회는 무엇 때문에 베드로와 요한 사도를 심문한 것입니까?

* 병자에게 행한 착한 일은 어떤 것입니까? (행 3:1-10)

* 병자가 고침 받은 것은 누구의 이름으로 된 일이라고 했습니까?

* 예수는 어떤 분이라고 했습니까?
  10절,

  12절,

'신천지'라는 집단은 구원이 예수를 믿음으로 받는 게 아니라 말씀을 깨달아야 하고, 말씀을 깨닫기 위해서는 말씀을 깨달은 자(교주)에게서 깨달은 말씀을 배워야 한다고 말합니다. 그래서 신천지 집단에 들어와야만 구원받을 수 있다고 주장합니다. 신천지의 이 같은 말에 아주 많은 교인들이 신천지에 빠집니다.

이단들은 그럴듯한 말로 분별없는 사람들을 유혹합니다. 나이 많은 노인들을 모아놓고 온갖 불량상품을 파는 사람들이 곳곳에 많은

데, 그들은 선물을 챙겨주고 먹을 것도 주고 노래하고 춤추면서 즐겁게 해 줍니다. 그래서 그런 곳에 자주 가다 보면 결국은 그들이 내놓는 상품을 사게 되는데, 그것들은 품질이나 가격에서 검증된 게 없습니다. 믿을 수 있는 좋은 상품이라면 시중에서 경쟁합니다.

또한 요즘 '보이스피싱'으로 피해 보는 사람들도 아주 많습니다. 그들은 거짓으로 겁을 주고, 불안감을 조성하여 돈을 강탈해 갑니다. 이단들의 수법도 그것과 유사합니다. 사람들을 공포심에 빠지게 하여 미혹하는 것입니다.

말세에는 그 같은 이단 사이비가 엄청나게 활동하게 된다고 주님은 말씀하셨습니다. 그래서 말세를 살고 있는 그리스도인은 분별하는 지혜가 필요하다고 하셨습니다.

"영을 다 믿지 말고 오직 영들이 하나님께 속하였나 분별하라 많은 거짓 선지자가 세상에 나왔음이라" 요일 4:1

그리스도인은 무엇보다 그리스도 예수를 믿는 믿음에 굳건해야 합니다.

1
구원받음에는
예수님이면 충분합니다

"하나님이 세상을 이처럼 사랑하사 독생자를 주셨으니 이는 그를 믿는 자마다 멸망하지 않고 영생을 얻게 하려 하심이라, 하나님이 그 아들을 세상에 보내신 것은 세상을 심판하려 하심이 아니요 그로 말미암아 세상이 구원을 받게 하려 하심이라" 요 3:16-17

» 모든 사람은 구원받아야 한다

(1) 죄인이기 때문입니다.

로마서 3장 23절 말씀에, "모든 사람이 죄를 범하였으매 하나님의 영광에 이르지 못하더니"라 하셨습니다. 이 세상에 태어나 살아가는 모든 사람은 하나같이 죄인입니다. 그것은 아담의 타락으로 인한 결과입니다. 아담 안에서 범죄하였고, 함께 타락했기 때문입니다.

모든 인류는 아담을 뿌리로 합니다. 그것은 마치 사과나무 한 그루에 백 개 이상의 사과가 열렸을 때에 더 굵은 것이 있고, 더 잘 익은 것, 더 맛이 있는 것 등 다양한 것 같아도 사실은 다 같은 품종인 것과 같은 것입니다.

(2) 심판을 받게 되기 때문입니다.

죄인은 그 죄로 인하여 하나님의 심판을 받습니다.

"한번 죽는 것은 사람에게 정해진 것이요 그 후에는 심판이 있으리니" 히 9:27

인간에게 죽음이 있다는 자체가 죄에 대한 심판이며, 모든 사람이 죄인이라는 입증입니다. 그래서 성경에, "그러므로 한 사람으로 말미암아 죄가 세상에 들어오고 죄로 말미암아 사망이 들어왔나니 이와 같이 모든 사람이 죄를 지었으므로 사망이 모든 사람에게 이르렀느니라"고 하였습니다(롬 5:12).

죽음은 죄에 대한 심판 받음입니다. 그리고 죽음 이후에도 그 죄를 따라 하나님의 심판을 받게 됩니다. 죄를 따라 심판을 받으면, 그 영혼은 영원한 지옥에 들어갑니다. 성경은 지옥을 가리켜 어두운 곳, 불구덩이, 형벌의 장소라고 가르쳐 줍니다. 그곳은 하나님의 긍휼이 제거된 곳이기도 합니다.

(3) 구원은 죄와 심판이 해결됨입니다.

우리가 예수를 믿는 것은 구원받음을 위한 것입니다.

"믿음의 결국 곧 영혼의 구원을 받음이라" 벧전 1:9

구원받음은 곧 죄와 심판 받음이 해결되는 것을 의미합니다. 이것은 우리가 스스로 해결할 수 있는 게 아닙니다. 세상에 태어나 살아가면서 어떤 사람은 이웃을 구제하고 선을 베풀며 많은 기부도 합니다. 참 귀한 분들입니다. 하지만 그런 것으로 우리의 죄와 심판이 해결되지는 않습니다. 하나님의 아들이신 예수 그리스도를 믿음으로만 구원을 받습니다.

(4) 구원은 영생을 얻음입니다.

구원받음의 두 번째 내용은 영생을 얻음입니다.

"하나님이 세상을 이처럼 사랑하사 독생자를 주셨으니 이는 그를 믿는 자마다 멸망치 않고 영생을 얻게 하려 하심이라" 요 3:16

영생이란 참 생명, 곧 죽음의 문제가 해결되는 것입니다. 그것은 그리스도 예수를 믿음으로 그리스도의 생명에 참여하는 것입니다.

예수님은 참 생명이십니다.

"나는 길이요 진리요 생명이니" 요 14:6

"예수께서 이르시되 나는 부활이요 생명이니 나를 믿는 자는 죽어도 살겠고, 무릇 살아서 나를 믿는 자는 영원히 죽지 아니하리니 이것을 네가 믿느냐" 요 11:25- 26

참 생명은 죽음에 지배받지 않는 생명입니다. 예수님이 죽음을 이기시고 부활하신 것은 그가 참 생명이시기 때문입니다. 그래서 성경은 그리스도의 부활을 가리켜, "이는 그가 사망에 매여 있을 수 없었음이라"고 하였습니다(행 2:24).

예수님은 무덤에서 부활하심으로 그가 참 생명이심을 증명한 것입니다. 그리스도 예수를 믿음으로만이 예수의 생명에 참여할 수 있습니다. 그것이 영생입니다.

2
예수님만이 우리에게
구원을 주신다

죄인이 구원받는 것은 오직 하나님만이 하실 수 있는 일입니다. 성경에 제자들이 "그러면 누가 구원을 받을 수 있는가?"라고 반문하였을 때, 예수님께서 말씀하셨습니다.

"사람으로는 할 수 없으되 하나님으로는 다 하실 수 있느니라"
막 10:27

"하나님이 세상을 이처럼 사랑하사 독생자를 주셨으니 이는 그를 믿는 자마다 영생을 얻게 하려 하심이라" 요 3:16

오직 하나님만이 우리를 구원하실 수 있다는 것을 말씀하신 것입니다.

빌립보에서 사도 바울이 감옥에 갇혔을 때, 지진이 나고 감옥 문이 열리는 기적을 본 간수장이 두려워하면서 바울에게 "내가 어떻게 하여야 구원을 받으리이까 하거늘, 이르되 주 예수를 믿으라 그리하면 너와 네 집이 구원을 받으리라"고 하였습니다(행 16:30-31). 오직 그리스도 예수를 믿음으로만이 구원받는다고 하였습니다.

사도행전 4장 12절에서는, "다른 이로써는 구원을 받을 수 없나니 천하 사람 중에 구원을 받을 만한 다른 이름을 우리에게 주신 일이 없음이라 하였더라"고 말씀하셨습니다. 하나님만이 우리를 구원하시는데, 하나님이 제시하신 유일한 구원의 길은 오직 예수 그리스도를 통한 방법만 주셨습니다. 예수님만이 구원의 주님이시고, 예수를 믿는 것 외에 다른 방법과 다른 이름은 없다고 성경은 단호하게 말씀하고 있습니다.

인류 역사에는 빛나는 위인들이 많이 있습니다. 종교적인 인물, 철학적인 인물, 과학 문명의 발전에 기여한 인물, 세계 평화를 이루는데 크게 이바지한 인물 등 위대한 인물이 많지만, 그들이 죄인을 구원하는 구원자로 보냄 받지는 않았습니다.

**오직 그리스도 예수님만이 구원의 주님으로
세상에 보냄을 받은 것입니다.**

3
예수라야만 되는
이유는?

오직 예수님만이 구원자라는 것은 무엇 때문입니까? 성경에 "여호와께서는 우리 모두의 죄악을 그에게 담당시키셨다"라고 하였습니다(사 53:6). 구원자는 우리 모두의 죄를 대신 담당할만한 가치를 지니고 있어야 한다는 의미입니다. 예수님은 그런 분이라는 것입니다.

(1) 그는 십자가에 달려 죽으셨습니다.

그리스도 예수님은 십자가에 달려 죽임을 당하셨습니다. 그것은 우리가 받을 심판과 형벌을 대신 받으심입니다. 예수님은 처음부터 자신이 져야 할 십자가를 알고 계셨으며, 그래서 그것을 제자들에게 여러 번 말씀하셨습니다. 그리고 그 십자가를 피하지 않으시고 감당하셨습니다. 그리하여 우리의 모든 죄를 대속해 주신 것입니다.

그러므로 사도 바울은 고린도 교회에 분파가 생겼음을 보며 안타까운 마음으로 말하였습니다.

"그리스도께서 어찌 나뉘었느냐 바울이 너희를 위하여 십자가에 못 박혔으며 바울의 이름으로 너희가 세례를 받았느냐" 고전 1:13

오직 예수님만이 우리를 위하여 십자가에 못 박히시고 죽임을 당하신 것입니다.

우리 죄를 대속하기 위한 그리스도의 첫째 조건은 죄가 없는 자라야 합니다.

그런데 이 세상에 태어나는 모든 사람은 하나같이 아담 안에서 그의 후손으로 태어남으로 아담의 죄와 타락을 이어받는 것입니다. 그래서 성경에 "의인은 없나니 하나도 없다"고 하였습니다(롬 3:10).

그렇다면 예수님은 죄가 없으신가요? 죄 없이 세상에 태어난 사람은 단 두 사람뿐입니다. 그 첫째는 하나님이 직접 만드신 최초의 사람 아담이었습니다. 하지만 그도 범죄하고 타락하였습니다. 둘째는 예수님이십니다. 예수님은 죄 없는 사람이 되시기 위해 아주 특별한 방법으로 탄생하신 것입니다. 예수님은 "동정녀 마리아에게 성령으로 잉태하셨습니다"(눅 1:35; 마 1:18, 20).

그것은 첫 사람 아담을 하나님이 손수 만드신 것처럼 하나님이 성령으로 말미암아 창조의 사역을 하신 것입니다. 그러므로 예수님은 아담의 후손이 아닌 "여인의 후손"이라 불리셨고, "때가 차매 하나님이 그 아들을 보내사 여자에게서 나게 하시고 율법 아래에 나게 하신 것은"이라 하였고(갈 4:4; 창 3:15), "둘째 사람"이라 불리셨습니다.

"첫 사람은 땅에서 났으니 흙에 속한 자이거니와 둘째 사람은 하늘에서 나셨느니라" 고전 15:47

그래서 예수님은 죄 없는 사람으로 세상에 오셨던 것입니다. 그는 우리와 똑같은 사람이 되셨지만, 그에게는 죄가 없으셨습니다(히 4:15). 그가 십자가에 죽어 우리 죄를 대속해 주셨습니다. 그래서 사도 바울은 "십자가의 도가 멸망하는 자들에게는 미련한 것이요 구원을 받는 우리에게는 하나님의 능력이라"고 하였습니다(고전 1:18).

(2) 그는 부활하셨습니다.

예수님은 죽음을 이기시고 사흘 만에 부활하셨습니다. 예수님이 부활하심을 가리켜 성경은, "그런즉 이스라엘 온 집은 확실히 알지니 너희가 십자가에 못 박은 이 예수를 하나님이 주와 그리스도가 되게 하셨느니라 하니라"고 하였습니다(행 2:36).

예수님이 죽으시고 부활하심으로 주와 그리스도가 되게 하셨다는 말씀은 예수님이 죽으시고 부활하심은 곧 그가 그리스도이심을 증명한 것이라는 의미입니다. 예수님이 죽으심으로 끝났다면, 그는 결코 우리의 구원자가 될 수 없었을 것입니다.

"예수는 우리가 범죄한 것 때문에 내줌이 되고 또한 우리를 의롭다 하시기 위하여 살아나셨느니라" 롬 4:25

즉 우리를 구원하시는 하나님의 구원은 예수님의 죽으심만 아니라 다시 살아나심으로 이루어진다는 것입니다. 로마서 14장 9절에, "이를 위하여 그리스도께서 죽었다가 다시 살아나셨으니 곧 죽은 자와 산 자의 주가 되려 하심이라"고 하였습니다.

예수님이 죽음을 이기시고 부활하심으로 우리의 죄가 대속되었고, 우리가 의롭다 하심을 얻게 된 것을 선포하신 것입니다. 그리고 그가 참 생명이심을 증명하신 것입니다. 그러므로 믿음으로 그에게 연합한 자들은 모든 죄의 사하심과 의롭다 하심을 얻고 영생을 얻습니다.

(3) 그는 하나님이십니다.

우리 죄를 대속하는 일을 사람으로서는 할 수 없습니다. 사람의 가치는 한 사람이 한 사람의 생명 이상을 대신할 수는 없습니다. 노인이든 어린이든 생명의 가치는 동일하기 때문입니다. 가령 죄 없는 어떤 사람이 있다 할지라도 그 사람이 대신할 수 있는 가치는 단 한 사람에 불과합니다.

그런데 그리스도는 과거, 현재, 미래의 모든 사람의 죄를 대신 담당할 수 있어야 합니다. 그런 분은 오직 만물을 창조하신 하나님뿐이십니다. 하나님만이 모든 사람의 생명을 대신할 수 있으십니다. 예수님은 그런 분이십니다. 그는 하나님이시기 때문입니다.

유대 바리새인, 제사장, 서기관, 장로들이 예수님을 받아들이기 가장 어려웠던 것이 그가 자신을 "하나님"이라고 하는 것이었습니다. 그런데 성경은 예수님을 가리켜, "하나님의 독생자요, 근본 하나님"

이시라고 증거하는 것입니다. 요한복음은 예수님은 하나님이시라고 증언하였습니다.

"태초에 말씀이 계시니라 이 말씀이 하나님과 함께 계셨으니 이 말씀은 곧 하나님이시니라" 요 1:1

"말씀이 육신이 되어 우리 가운데 거하시매 우리가 그의 영광을 보니 아버지의 독생자의 영광이요 은혜와 진리가 충만하더라" 요 1:14

"본래 하나님을 본 사람이 없으되 아버지 품 속에 있는 독생하신 하나님이 나타내셨느니라" 요 1:18

예수님이 공생애 동안 행하신 수만 가지 표적은 모두 그가 전능하신 하나님이라는 것을 증거하는 것이었습니다. 그러므로 예수께서 "나를 본 자는 아버지를 보았느니라"라 하셨고(요 14:9), "내가 아버지 안에 거하고 아버지께서 내 안에 계심을 믿으라 그렇지 못하겠거든 행하는 그 일로 말미암아 나를 믿으라"고 하셨습니다(요 14:11).

그는 근본 하나님이셨습니다.
"그는 근본 하나님의 본체시나 하나님과 동등됨을 취할 것으로 여기지 아니하시고, 오히려 자기를 비워 종의 형체를 가지사 사람들과 같이 되셨고, 사람의 모양으로 나타나사 자기를 낮추시고 죽기까지 복종하셨으니 곧 십자가에 죽으심이라" 빌 2:6-8

하나님만이 우리 모든 인간의 생명과
죄를 대속하실 수 있습니다.
예수님이면 충분합니다!
우리가 죄와 멸망에서 구원받는 일에
다른 것은 필요하지 않습니다.
오직 예수님만 믿으면 됩니다!

에세이

내가 만난 목사님

조성대 원로장로

목사님과 저를
하나로 묶어
하나님 나라 확장에
기여하게 하신
하나님께 감사드리며,
하나님께서 하나되게
하셨기에 43년의
세월 동안 서로
떨어지지 않게 해주신
하나님께 감사합니다.

1978년 12월, 정든 고향을 떠나 아내와 네 아이들과 서울로 올라와 섬길 교회를 찾고 있었습니다. 2주쯤 후 집에서 10분 거리의 행당동 신성교회를 알게 되어, 가족 모두 출석 등록을 하고 새벽기도와 예배에 참석하며 정들어 가고 있었습니다. 그러던 중에 새벽기도를 인도하시는 이재옥 전도사님께서 교회를 사직하신다는 이야기를 들었습니다.

그 후 며칠 지난 저녁에 정봉화 집사님께서 우리 집으로 찾아오셔서 사직하신 이재옥 전도사님과 개척교회를 세우자고 제안하셨는데, 저는 한마디로 거절했습니다. 이유는 사업을 시작한 지 얼마 안 되어 심혈을 기울여 일해야 했기 때문이었습니다. 그럼에도 매일같이 오셔서 권유하셨지만, 교회의 개척 준비가 전혀 안 된 상태에서 그러시니 더욱 싫었습니다. 그래도 계속해서 찾아오시는 집사님을 보고 결국 마음을 정하게 되었고, 같이 해 보자는 결심을 하였습니다.

다섯 가정이 참여하겠다고 약속했는데 장소가 없다고 하셔서, 아내와 상의 후에 저의 전셋집에서 하자고 제안하였습니다. 그게 화평교회의 출발이 되었습니다.

그렇게 시작한 화평교회는 43년이란 세월 동안 별다른 갈등이 없었고, 목사님께서는 최선을 다해 말씀과 기도로 사랑을 베푸시면서 목회하시니 교회는 계속 성장되어 갔습니다. 스물일곱 젊음의 패기로 시작하여 43년이 흘렀고, 지금와 생각해보니 그때 선택을 잘했다는 생각이 듭니다. 또한 그것은 전적인 하나님의 계획과 인도하심이었습니다. 우리 목사님께서 교회와 성도들을 향한 사랑으로 언제나 변함없이 말씀 준비와 목회계획 등 최선을 다 하시는 모습을 보면서, 하나님께서 귀하게 이끌어 주셔서 목회를 잘 마무리하 시는구나! 이 모든 것이 하나님의 은혜구나! 생각합니다. 이 은혜가 참으로 귀 한 것을 새삼 느낍니다. 그리고 아름다운 그리스도 안에서 서로가 서로를 위해 아낌없이 사랑하며 동행하였기에 여기까지 올 수 있었습니다.

오래전 하나님께서 좋은 만남이 되게 설계하시고 이 재옥 목사님은 강원도에서, 조성대 장로는 경상도에서 전혀 생소한 두 가정을 만 나게 해주셨습니다. 또 옆 에서 이런 분 저런 분을 붙 여 주셔서 하나님의 사명을

개척 당시 목사님과 함께

귀한 줄 알고 헌신적으로 그 사명을 향해 도전케 하시고, 화평교회의 간판을 붙 인 13개 처(선교회 소속 17개 처)를 만드셨습니다. 이 모두를 이루게 해주신 하나 님께 감사드립니다. 그리고 목사님과 저를 하나로 묶어 하나님 나라 확장에 기 여하게 하신 하나님께 감사드리며, 하나님께서 하나되게 하셨기에 43년의 세월 동안 서로 떨어지지 않게 해주신 하나님께 감사합니다.

그 긴 세월 동안 불평불만이 왜 없었겠습니까! 부부간에도 자식들도 서로의 생각과 걸어가는 길이 다를 수 있는데, 그 차이를 다 극복하고 한결같은 마음으 로 여기까지 올 수 있었다는 것은 전적으로 하나님 은혜와 못난 사람을 이해해 주시고 사랑해 주신 결과이기에 목사님께 감사, 하나님께 감사를 드립니다. 앞 으로도 하나님 은혜로 우리 목사님 행복하시고 평안하시길 빕니다.

SERMON 3

믿음이면
충분합니다!

요한복음 20:30-31

30 예수께서 제자들 앞에서 이 책에 기록되지 아니한 다른 표적도 많이 행하셨으나

31 오직 이것을 기록함은 너희로 예수께서 하나님의 아들 그리스도이심을 믿게 하려 함이요 또 너희로 믿고 그 이름을 힘입어 생명을 얻게 하려 함이니라

* 예수님이 행하신 표적은 성경에 다 기록되었다고 했습니까?

* 성경을 기록한 목적은 무엇이라고 했습니까?

* 그리스도 예수를 믿음의 결과는 무엇이라 했습니까?

"예수를 너희가 보지 못하였으나 사랑하는도다 이제도 보지 못하나 믿고 말할 수 없는 영광스러운 즐거움으로 기뻐하니 믿음의 결국 곧 영혼의 구원을 받음이라" 벧전 1:8-9

예수 그리스도를 믿음의 결국은 영혼의 구원이라고 하였습니다. 우리가 죄와 멸망에서 구원받음에 그리스도 예수를 믿는 것이면 충분하다는 말씀입니다. 여기에 무엇을 더하면, 그것은 군더더기에 불과합니다. 그래서 로마서 10장 9절에, "네가 만일 네 입으로 예수를 주로 시인하며 또 하나님께서 그를 죽은 자 가운데서 살리신 것을 네 마음에 믿으면 구원을 받으리라" 하였고, 13절에는 "누구든지 주의 이름을 부르는 자는 구원을 받으리라" 하였습니다.

1
인간은 자력으로
구원받을 수 없다

세상의 다양한 종교들은 그들 나름대로 구원관을 갖고 있습니다. 불교에서는 깨달음이 구원이라고 합니다. 무엇을 깨달으려는 것인지는 모르겠지만, 그 깨달음을 얻기 위해 오랜 시간 수행하면서 금욕적인 삶을 살아갑니다. 그래서 티벳 사람들은 3보 1배를 하면서 수백 리 길을 걷습니다. 또 힌두교를 믿는 인도에서는 온갖 고행의 방법이 계발되어 있습니다. 하루 종일 한쪽 발로만 서 있는 사람도 있고, 몇 시간씩 거꾸로 물구나무를 서 있는 사람도 있고, 말할 수 있는데도 일절 말하지 않는 사람도 있습니다. 그 같은 수행과 고행을 통해 구원에 이른다고 믿기 때문입니다.

천주교에서는 예수를 믿지만, 이 땅에 살면서 많은 선행으로 공덕을 쌓아야 천국에 들어간다고 가르칩니다. 예수를 믿을지라도 죽으면 그 영혼이 연옥이란 곳에 들어가서 일정 기간 정화(淨化)되는 과정을 거친다고 말합니다. 그러므로 세상에 사는 동안 선행을 많이 하고, 자신을 정화시켜야 하고, 죽은 자를 위한 공덕도 쌓아야 한다고 가르칩니다. 이 같은 천주교회의 구원관은 성경의 가르침과는 전혀 다른 것입니다.

이처럼 세상의 모든 종교는 자력에 의한 구원을 가르칩니다. 힘쓰고 애쓰는 자기 노력을 통해서 구원에 이르게 된다는 것입니다. 하지만 성경은 인간은 어떤 노력과 선행으로도 구원에 이를 수 없다고 가르칩니다.

"그러므로 율법의 행위로 그의 앞에 의롭다 하심을 얻을 육체가 없나니 율법으로는 죄를 깨달음이니라, 이제는 율법 외에 하나님의 한 의가 나타났으니 율법과 선지자들에게 증거를 받은 것이라, 곧 예수 그리스도를 믿음으로 말미암아 모든 믿는 자에게 미치는 하나님의 의니 차별이 없느니라, 모든 사람이 죄를 범하였으매 하나님의 영광에 이르지 못하더니, 그리스도 예수 안에 있는 속량으로 말미암아 하나님의 은혜로 값없이 의롭다 하심을 얻은 자 되었느니라" 롬 3:20-24

2
하나님만이 우리를 구원하신다

사랑의 하나님은 우리를 죄와 멸망에서 구원하시려고 그 외아들 예수 그리스도를 세상에 보내셨습니다(요 3:16). 그리고 우리 모두의 죄를 그에게 대신 담당하게 하셨습니다(사 53:6). 그리스도 예수께서 십자가에 못 박혀 피 흘려 죽으심으로 우리의 모든 죄를 대신 담당해 주신 것입니다. 이것을 그리스도의 대속하심이라고 합니다.

예수님이 공생애 시작에서 먼저 요단강에서 세례 요한으로부터 세례를 받으셨습니다. 요한의 세례는 죄인이 받아야 하는 세례입니다. 그런데 죄 없으신 예수님이 무엇 때문에 죄인이 받는 세례를 받으셨습니까?

그것은 세상 모든 죄인들의 죄를 공적으로 위임받으시는 사건입니다. 그래서 예수님은 "세상 죄를 지고 가는 하나님의 어린 양"이라고 불리셨습니다(요 1:29).

그러므로 구원은 오직 하나님만이 하실 수 있는 일입니다.

"제자들이 매우 놀라 서로 말하되 그런즉 누가 구원을 얻을 수 있는가 하니, 예수께서 그들을 보시며 이르시되 사람으로는 할 수 없으되 하나님으로는 그렇지 아니하니 하나님으로서는 다 하실 수 있느니라" 마 10:26, 27

인간 스스로 구원의 길을 만들 수 없음이고, 죄인이 어떠한 노력으로도 구원에 이를 수 없음을 분명히 하신 말씀입니다.

3
하나님은 '믿음'만 요구하셨다

독생자 예수님의 십자가 보혈을 통해 우리 모두의 죄를 대속해 주신 하나님은 우리 모든 사람들에게 오직 하나 '믿음'만을 요구하셨습니다.

"독생자를 주셨으니 이는 그를 믿는 자마다 멸망치 않고 영생을 얻게 하려 하심이라" 요 3:16

본문 말씀 31절에, "오직 이것을 기록함은 너희로 예수께서 하나님의 아들 그리스도이심을 믿게 하려 함이요 또 너희로 믿고 그 이름을 힘입어 생명을 얻게 하려 함이니라" 하였습니다.

구원의 길을 열어 주신 하나님은 우리들에게는 다만 "그를 믿으라"고 말씀하셨습니다. 믿는 것 외에 다른 무엇을 요구하지 않으셨습니다. 그리스도 예수님이 나를 위해 십자가에 달려 죽으시고 다시 사신 그것을 믿으라는 것입니다. 그가 우리 죄를 전부 대속해 주셨음을 받아들이라는 것입니다.

믿기만 하면 구원받는다고 하니, 그건 너무 쉽다고, 너무 쉬워서 되레 믿음이 안 간다고 하는 분들도 있습니다. 2018년 〈화평소식〉 4월호 1면에 '십자가와 승강기'라는 글이 실렸습니다. 19세기 미국의 유명한 전도자였던 무디의 이야기입니다.

무디가 어느 탄광촌을 방문하여 그곳 탄광 책임자에게 구원에 대하여 오랜 시간 설명하였습니다. 하지만 매우 시큰둥한 표정으로 한참을 무덤덤하게 일관하던 그 책임자는 무디의 말을 가로막으며, 도무지 믿어지지 않는다는 듯 말했습니다.

"구원이란 게 너무 값이 싼 것 아닌가요? 그래서 사실이라고 믿어지지 않는군요. 그저 믿기만 하면 된다니, 그런 게 뭐가 그리 소중하고, 좋은 것이란 말입니까? 뭔가 값이 들어가야 하는 것 아닙니까?"

그러자 무디가 잔잔한 미소를 지으며 그에게 말했습니다.

"선생님, 오늘 갱도에 들어갔다 오셨죠?"

책임자: "네 그럼요."

무디: "얼마나 깊이 내려갔습니까?"

책임자: "수백 피트나 되지요, 수직으로 내려가는 구간은 상상이 안 될 만큼 깊답니다."

무디: "그 깊은 곳에까지 어떻게 내려갔습니까?"

책임자: "그거야 간단하지요. 버튼만 누르면 승강기가 내려가고 올라오니까, 그걸 타고 내려갔지요."

무디: "아니 그 깊은 곳에 내려가면서 그것밖에 하신 일이 없단 말입니까?"

책임자: "그럼요. 석탄회사가 이미 돈을 들여서 승강기를 설치해 놓았으니 저는 그저 승강기를 타고 버튼만 누르면 되죠. 그러면 승강기가 다 알아서 데려다주는걸요."

무디: "바로 그것입니다. 당신이 깊은 갱도에 들어가기 위해서는 승강기를 타고 버튼만 누르면 되듯이, 하나님의 구원도 그리스도 예수를 믿기만 하면 된답니다."

하나님께서 이미 우리 구원을 위하여 독생자 예수 그리스도를 십자가에 내어주셨고, 구원의 길을 만들어주셨기 때문입니다. 우리는 그저 그의 공로를 믿기만 하면 됩니다.

이미 십자가라는 승강기를 하나님이 설치해 주셨으니, 우리는 그리스도를 믿는 믿음의 버튼만 누르면 되는 것입니다.

사랑의 하나님은 우리가 구원받기 위해 필요한 모든 조치를 그리스도 예수님을 통해 다 해 놓으셨습니다. 그리고 다만 믿으라고 하셨습니다.

"복음에는 하나님의 의가 나타나서 믿음으로 믿음에 이르게 하나니 기록된 바 오직 의인은 믿음으로 말미암아 살리라 함과 같으니라" 롬 1:17

"곧 예수 그리스도를 믿음으로 말미암아 모든 믿는 자에게 미치는 하나님의 의니 차별이 없느니라" 롬 3:22

이와 같이 수많은 성경 말씀에서 **오직 믿음뿐**이라고 증거하고 있습니다(롬 3:28, 30; 갈 2:16).

4
의롭게 되기 위해 무엇을 하라고 하시지 않으신다

어떤 부자 청년이 예수님에게 나아왔습니다. 그리고 예수님에게, "선생님이여 내가 무슨 선한 일을 하여야 영생을 얻으리이까"라고 물었습니다(마 19:16).

예수님은 청년에게 "계명들을 지키라"라고 말씀하셨습니다. 그랬더니 부자 청년은 당당하게 "이 모든 것을 내가 지키었사온데 아직도 무엇이 부족하니이까"라고 말합니다(마 19:20).

예수님은 청년에게 말씀하셨습니다.

"예수께서 이르시되 네가 온전하고자 할진대 가서 네 소유를 팔아 가난한 자들에게 주라 그리하면 하늘에서 보화가 네게 있으리라 그리고 와서 나를 따르라 하시니" 마 19:21

주님이 청년에게 말씀하신 것은 사람이 자기 노력으로 하나님 앞에 의롭다 하심을 받을 수 없다는 것입니다. 자기 노력으로는 구원에 이를 수 없다는 것을 말씀하셨습니다.

동시에 구원을 받으려면 **"나를 따르라"** 즉 주님을 믿으라고 하신 것입니다. 구원받기 위해 인간이 노력할 것이 없다는 것입니다. 노력해서 되는 것이 아니기 때문입니다.

'신천지'라는 집단은 구원은 예수를 믿음으로 받는 게 아니고 말씀을 깨달아야 하고, 말씀을 깨닫기 위해서는 말씀을 깨달은 자 이만희에게서 깨달은 말씀을 배워야 한다고 합니다. 그래서 신천지에 들어와야 한다고 주장합니다.

과연 그럴까요? 그렇지 않습니다. 요한복음 1장 12절에서 우리가 하나님의 자녀 되는 것에 대해서도, "영접하는 자 곧 그 이름을 믿는 자들에게는 하나님의 자녀가 되는 권세를 주셨으니"라고 하였습니다. 하나님의 자녀되는 것이 구원인데, 하나님 자녀가 되기 위해 무엇을 해야 한다고 하시지 않으셨습니다. 다만 그를 믿으라고 하셨습니다.

구원받는 일을 위해서는
사람이 할 수 있는 일이 없습니다.
오직 믿음이면 충분합니다!

5
믿는 것은 누구든지 다 할 수 있다

하나님은 우리를 우리보다 더 잘 아시는 분이십니다. 나를 나보다 더 잘 아시는 하나님은 나의 연약함과 무능함을 아시기 때문에, 다만 믿음을 요구하신 것입니다. 사랑의 하나님은 인간이 할 수 없는 것을 하라고 요구하지 않으십니다.

하나님은 모든 사람이 보편적으로 다 할 수 있는 방법을 찾으셨습니다. 그것이 예수님을 믿는 것입니다. 만약에 하나님이 믿음이 아닌 다른 무엇을 요구하셨다면, 그 기준에 도달하지 못하는 사람은 구원받을 수 없을 것입니다. 주위에 원하는 직장을 구한 청년들이 여럿 있습니다. 그들은 입사하려고 얼마나 피나는 노력을 했는지 모릅니다. 그러고도 경쟁에 밀려 취업하지 못한 청년들도 아주 많습니다.

우리가 감사한 것은 하나님은 우리에게 그 같은 조건이나 자격을 요구하지 않으셨다는 것입니다. 만약에 모든 율법을 다 지켜야 한다고 했다면 어쩔뻔했습니까? 십계명만이라도 반드시 지켜야 한다고 했다면, 합격할 수 있는 사람들이 있겠습니까? 겉으로는 어느 정도 감당할 수 있을지 모릅니다. 하지만 그런 것은 하나님의 기준에 미치지 못합니다.

예수님은 말씀하셨습니다. "살인하지 말라"고 했을 때, 사람이 마음으로 형제를 미워하는 것만으로도 이미 살인한 것이라고 하셨습니다. "간음하지 말라"고 했는데, 마음으로 음욕을 품는 것만으로도 이미 간음한 것이라고 하셨습니다(마 5:27-28). **사람은 사람의 겉을 보지만, 하나님은 우리의 중심을 보십니다**(삼상 16:7; 행 1:24). 우리 마음의 생각을 이미 알고 계시는 분이십니다.

다만 믿으라고만 하셨기 때문에, 믿는 것은 누구든지 다 할 수 있습니다. 분별력이나 지식이 없는 어린이도 예수를 믿는 것은 할 수 있습니다. 기력이 쇠한 노인들도 예수 믿는 것은 할 수 있습니다. 남자, 여자, 신분을 초월하여 누구든지 다 믿는 것은 할 수 있습니다. 신체장애를 가진 사람들도 예수를 믿음에는 문제가 없습니다.

성경을 몰라도 예수만 믿으면 됩니다. 성경을 아는 것은 그리스도를 믿고 신앙생활을 하는 데 아주 중요합니다. 기독교의 신앙은 성경에 근거하기 때문입니다. 우리는 성경이 가르쳐주는 예수를 믿는 것이며, 성경이 가르쳐주는 대로 하나님을 섬기는 것이기 때문입니다. 하지만 성경을 잘 몰라도 예수 믿고 구원받음에는 문제가 없습니다. 그렇기 때문에 글을 모르는 사람도, 앞을 볼 수 없는 사람도 예수 믿고 구원받는 것입니다.

6
믿음은 인정하고 받아들이는 것이다

무엇을 인정합니까? 그리스도이신 예수님을 인정하는 것입니다. 그분은 하나님의 아들이 사람으로 우리 가운데 오신 분이시라는 것을 인정하고, 그 예수님이 십자가에 달려 내 죄를 속하셨다는 것과 그가 다시 살아나심으로 나를 의롭게 하셨다는 그것을 인정하는 것입니다. 그리고 그 예수님을 나의 주님으로 받아들이는 것입니다.

"볼지어다 내가 문 밖에 서서 두드리노니 누구든지 내 음성을 듣고 문을 열면 내가 그에게로 들어가 그와 더불어 먹고 그는 나와 더불어 먹으리라" 계 3:20

예수님 실체가 보이지 않는데 어떻게 받아들여야 합니까? 예수님이 나의 구주되심을 인정하는 것과 그것을 입으로 시인하는 것이 곧 그리스도를 받아들임입니다. 성경은 "사람이 마음으로 믿어 의에 이르고 입으로 시인하여 구원에 이른다" 하였습니다 (롬 10:10).

7
믿음은 예수님에게 연합하는 것이다

　그리스도를 믿음으로 영생을 얻었습니다. 영생은 곧 참 생명이신 예수님의 생명에 참여하는 그것인데, 예수님에게 연합됨으로 그 생명에 참여하게 됩니다.

　"무릇 그리스도 예수와 합하여 세례를 받은 우리는 그의 죽으심과 합하여 세례를 받은 줄을 알지 못하느냐, 그러므로 우리가 그의 죽으심과 합하여 세례를 받음으로 그와 함께 장사되었나니 이는 아버지의 영광으로 말미암아 그리스도를 죽은 자 가운데서 살리심과 같이 우리로 또한 새 생명 가운데서 행하게 하려 함이라, 만일 우리가 그의 죽으심과 같은 모양으로 연합한 자가 되었으면 또한 그의 부활과 같은 모양으로 연합한 자도 되리라" 롬 6:3-5

　우리가 그리스도 예수를 믿음은 곧 예수님의 십자가 죽으심에 연합함이고, 나아가 그의 부활에 연합하는 것입니다. 그리스도와 더불어 죄에 대하여 죽고 이제는 의에 대하여 다시 살아난 것입니다. 예수님과 연합하는 것보다 더 완벽한 게 있겠습니까?

구원은 예수님에게 연합됨으로 얻는 것입니다.
그러므로 믿음이면 충분합니다!

SERMON 4

교회면
충분합니다!

에베소서 1:20-23

20 그의 능력이 그리스도 안에서 역사하사 죽은 자들 가운데서 다시 살리시고 하늘에서 자기의 오른편에 앉히사

21 모든 통치와 권세와 능력과 주권과 이 세상뿐 아니라 오는 세상에 일컫는 모든 이름 위에 뛰어나게 하시고

22 또 만물을 그의 발아래에 복종하게 하시고 그를 만물 위에 교회의 머리로 삼으셨느니라

23 교회는 그의 몸이니 만물 안에서 만물을 충만하게 하시는 이의 충만함이니라

* 교회를 가리켜 무엇이라고 했습니까?

* 예수님의 십자가 이후를 어떻게 소개하고 있습니까?

* 하나님의 오른편에 앉으셨다는 것은 어떤 의미입니까?

* 만물 안에서 만물을 충만하게 하신다는 것은 어떤 의미입니까?

'가나안 교인'이라는 신조어가 있습니다. 가나안을 거꾸로 읽으면 '안나가 교인', 즉 예수는 믿는데 교회는 안 나가겠다는 사람들을 가리키는 말입니다. 교회를 안 나가려는 사람들에게는 여러 가지 이유가 있을 것입니다. 교회가 교회다움을 보여주지 못함으로 인한 실망감일 수도 있겠고, 교회 안에서 인간관계에서 겪은 부정적 경험, 혹은 누구의 간섭도 관심도 거부하는 개인주의, 또는 자기만 생각하고 주님의 몸인 교회를 생각하지 않는 이기주의 때문일 것입니다. 어쩌면 그리스도 교회에 대한 오해가 작용했을 수도 있겠습니다.

많은 경우 교회에 대한 오해 중 하나는 교회는 완전해야 한다는 것입니다. 그럴 수 있다면 좋겠지만, 그것은 지나친 바람이고 오해입니다. 당신이 완전하지 못한데, 당신 같은 사람들의 모임인 교회가 어떻게 완전할 수 있겠습니까?

교회는 무엇이며, 어떻게 섬겨야 하는 것입니까?

1
그리스도께서 세우신 교회

"또 내가 네게 이르노니 너는 베드로라 내가 이 반석 위에 내 교회를 세우리니 음부의 권세가 이기지 못하리라" 마 16:18

'내가 이 반석 위에 내 교회를 세우리니', 주님의 교회는 주님이 세우셨습니다. 주님은 십자가 죽으심과 부활을 통하여 그의 교회를 세우신 것입니다.

주님은 그의 교회를 '이 반석 위에' 세우셨습니다. 여기서 '이 반석'이 인간 베드로를 칭하는 것은 결코 아닙니다(베드로라는 이름이 반석을 의미하기 때문에). 반석은 그리스도 자신입니다.

고린도전서 10장 4절에, "다 같은 신령한 음료를 마셨으니 이는 그들을 따르는 신령한 반석으로부터 마셨으매 그 반석은 곧 그리스도시라" 하였습니다. 그러므로 교회의 터는 그리스도 예수님이십니다.

"이 닦아 둔 것 외에 능히 다른 터를 닦아 둘 자가 없으니 이 터는 곧 예수 그리스도라" 고전 3:11

그리스도 예수님은 십자가 죽으심과 부활하심을 통해, 교회의 터가 되고 반석이 되신 것입니다.

교회는 그리스도 예수님의 터(반석) 위에 세워집니다. 교회는 교회의 터요, 반석이신 그리스도 예수님에 대한 신앙고백을 토대로 합니다. 베드로는 하나님 아버지로 말미암아 그리스도 예수님에 대한 놀라운 신앙고백을 하였던 것입니다.

"시몬 베드로가 대답하여 이르되 주는 그리스도시요 살아 계신 하나님의 아들이시니이다" 마 16:16

그러므로 교회는 예수 그리스도에 대한 신앙고백이 성경의 가르침대로 분명해야 합니다. 예수 그리스도를 토대로 세워진 교회이기에, 음부의 권세가 결코 이길 수 없습니다.

2
교회는 그리스도를
믿는 사람들이다

사람들은 종종 교회를 예배당과 동일시하는 경향이 있습니다. 그런 면이 전혀 없는 것은 아니지만, 본질적으로 교회는 예배당이나 어떤 건물이나 장소적인 것이 아닙니다. 그런 것들은 교회가 필요로 하는 시설이지만, 그게 곧 교회는 아닙니다.

교회는 그리스도에게 속한 사람들입니다. 그리스도를 믿고 구원받은 사람들입니다. 그들은 그리스도를 믿음으로 죄 사함을 받았으며, 영생을 얻었고, 하나님의 자녀 된 사람들입니다. 그 사람들의 모임이 교회입니다. 그리스도께서 피 흘려 값 주고 사신 것은 예배당이 아닌 그리스도를 믿는 그 사람들입니다. 그러므로 교회는 눈에 보이는 예배당도 중요하지만, 그보다 예수님에게 속한 구원받은 사람들을 먼저 볼 수 있어야 합니다.

구원받은 사람들이지만 그들은 아직 미성숙하고, 믿음의 정도도 다릅니다. 그러므로 지상의 교회는 완전할 수 없습니다. 그래서 교회 공동체 안에서 하나님의 기쁨되지 못 하는 일들이 발생하기도 합니다. 그럴지라도 주님은 그들을 기뻐하시며 그들 중에 함께하십니다.

"두세 사람이 내 이름으로 모인 곳에는 나도 그들 중에 있느니라" 마 18:20

그럼에도 불구하고 교회는 계속하여 하나님의 거룩함을 나타내는 성숙함을 향해 성령 안에서 노력해야 합니다. "믿음의 주요 온전하게 하시는 그리스도"를 주목하고, 그분만을 바라봄으로 날마다 성장하며 온전하게 나아가는 것입니다(히 12:2).

3
교회는 그리스도의 몸이다

교회는 사람들의 모임이지만, 우리 사회의 다양한 기능과 목적을 가진 사회단체의 하나가 아닙니다(그렇게 오해하는 사람들도 적지 않습니다). 교회는 그리스도를 믿음으로 그리스도에게 연합된 그리스도의 몸입니다. 그리스도인들은 그를 믿음으로 그 몸에 연합된 그의 지체들인 것입니다.

"이와 같이 우리 많은 사람이 그리스도 안에서 한 몸이 되어 서로 지체가 되었느니라" 롬 12:5

그러므로 그리스도인들에게 교회는 선택사항이 아니고 필연적인 것입니다. 하나님이 우리를 부르실 때에 그리스도에게로 부르셨으며(그래서 그리스도인입니다), 동시에 그의 몸인 교회로 부르신 것이기 때문입니다(그래서 교인입니다). 그리스도의 몸인 교회로 부르심으로 그의 거룩한 지체가 되게 하셨습니다. 그러므로 그리스도인들은 무엇보다 그리스도의 교회를 중요하게 여겨야 합니다.

그리스도인들은 교회를 벗어날 수 없으며, 벗어나서 독립적으로 존재할 수 없습니다. 주님은 그것을 포도나무와 가지의 비유로 설명해 주셨습니다.

"내 안에 거하라 나도 너희 안에 거하리라 가지가 포도나무에 붙어 있지 아니하면 스스로 열매를 맺을 수 없음 같이 너희도 내 안에 있지 아니하면 그러하리라" 요 15:4

그리스도인들은 그리스도의 몸인 교회를 통해 유기적으로 서로 어울리고, 서로 돌아보며, 서로 섬기는 그 같은 거룩한 교제 안에서 믿음이 든든하게 세워지는 것입니다.

교회를 통해 교회의 머리이신 그리스도와 교통하며 그의 다스림을 받는 것입니다. 나아가 생명이신 그리스도의 공급하시는 은혜로 그 생명의 풍성함을 누리는 것입니다. 우리 몸은 머리가 주관하는 것처럼, 그리스도의 몸인 교회도 머리이신 그리스도가 주장하시고 다스리십니다. 우리 몸의 어느 지체가 사고나 질병으로 마비되는 경우가 있습니다. 고장 난 지체는 머리의 다스림에서 벗어나, 머리의 지시를 따라 움직이지 않습니다. 그리스도를 믿으면서 그의 몸인 교회에 속하여 그리스도의 다스림을 받으며 그 다스림에 순종하는 게 건강한 지체요, 건강한 신앙생활입니다. 그러므로 그리스도의 몸인 교회를 사랑하는 게 곧 그리스도 자신을 사랑함입니다.

"요한의 아들 시몬아 네가 이 사람들보다 나를 더 사랑하느냐 하시니 이르되 주님 그러하나이다 내가 주님을 사랑하는 줄 주님께서 아시나이다 이르시되 내 어린 양을 먹이라 하시고" 요 21:15

주님은 시몬 베드로에게 그의 양 무리인 교회를 맡기시기 전에, 먼저 "나를 더 사랑하느냐"고 세 번 반복하여 물으셨습니다. 주님의 말씀은 주님을 사랑함이 없이는 주님의 교회를 섬길 수 없다는 말씀이고, 동시에 주님을 사랑함은 그의 몸인 교회를 사랑함으로 나타나고 고백 되어야 한다는 말씀이셨습니다.

나를 위해 십자가에 피 흘려 죽으신 주님, 그는 부활하시고 승천하셔서 하나님 보좌 우편에 거하십니다. 우리가 어떻게 사랑할 수 있습니까? 곧 그분의 몸인 교회를 사랑함이고, 주님의 말씀을 우리 삶으로 살아내는 그것입니다(요 14:21).

우리 눈에 보이는 교회는 비록 불완전하고 허물과 연약함이 보이지만, 여전히 주님은 그 교회를 자신의 몸으로 인정하시고 귀히 여기십니다. 그러므로 우리 그리스도인들은 주님의 교회를 사랑함으로 주님을 향한 사랑을 고백할 수 있어야 합니다.

4
교회에 천국 열쇠를 맡기셨다

"내가 천국 열쇠를 네게 주리니 네가 땅에서 무엇이든지 매면 하늘에서도 매일 것이요 네가 땅에서 무엇이든지 풀면 하늘에서도 풀리리라 하시고" 마 16:19

천국 열쇠에 대한 오해가 많습니다. 가톨릭에서는 베드로가 그리스도의 교회가 세워진 반석이고, 그에게 주님이 천국 열쇠를 맡겼으므로 베드로가 초대 교황이고, 베드로의 뒤를 잇는 로마 교황이 천국 열쇠를 갖는다고 합니다. 여기서 그들이 말하는 천국 열쇠는 곧 천국에 이르는 길이 가톨릭에(교황에) 있다는 의미가 됩니다. 아주 야무진 착각입니다.

주님이 말씀하신 천국 열쇠는 무엇일까요? '열쇠'는 닫힌 문을 여는 도구입니다. 본질적으로 천국은 모든 사람에게 닫혀 있었습니다. 아담 안에서 범죄한 인간의 죄와 타락으로 인함입니다. 그래서 로마서 3장 23절에, "모든 사람이 죄를 범하였으매 하나님의 영광에 이르지 못하더니" 하였습니다.

닫혀진 천국 문을 여는 열쇠는 어떤 사람이 아닌 그리스도입니다. 예수님은 공생애의 일성이 "회개하라 천국이 가까이 왔느니라"였습니다(마 4:17). 예수님으로 말미암아 천국이 열리는 것입니다. 그러므로 예수님은 말씀하셨습니다.

"예수께서 이르시되 내가 곧 길이요 진리요 생명이니 나로 말미암지 않고는 아버지께로 올 자가 없느니라" 요 14:6

그리스도는 우리를 위해 천국 문을 열어주셨습니다. 그것을 위해 그리스도 예수님은 십자가에 달려 죽임당하셨던 것입니다.

"또 십자가로 이 둘을 한 몸으로 하나님과 화목하게 하려 하심이라 원수 된 것을 십자가로 소멸하시고" 엡 2:16

그는 이 땅에서 천국 복음을 전파하셨고, 천국이 임하였음을 증명하는 게 주님이 행하신 표적이었습니다(마 4:23). 그리고 천국의 복을 가르치셨습니다(마 5:1-12).

그리스도의 복음이 천국의 열쇠입니다. 그리스도의 복음은 죄인을 천국에 이르게 합니다.

"회개하고 복음을 믿으라" 막 1:15

그리스도를 믿음으로 죄 사함을 받고 영생을 얻습니다. 그것 외에 천국에 이르는 다른 길은 없습니다(행 4:12). 그리고 주님은 구원의 복음을 그의 교회에 위탁하셨습니다(마 28:19-20; 막 16:15).

"그러므로 너희는 가서 모든 민족을 제자로 삼아 아버지와 아들과 성령의 이름으로 세례를 베풀고, 내가 너희에게 분부한 모든 것을 가르쳐 지키게 하라 볼지어다 내가 세상 끝날까지 너희와 항상 함께 있으리라 하시니라" 마 28:19-20

주님은 그의 교회를 세우시고, 그 교회에 복음을 위탁하시고, 동시에 놀라운 권세를 주셨습니다.

"내가 천국 열쇠를 네게 주리니 네가 땅에서 무엇이든지 매면 하늘에서도 매일 것이요 네가 땅에서 무엇이든지 풀면 하늘에서도 풀리리라 하시고" 마 16:19

이는 교회가 천국의 대사관과 같은 의미입니다. 대사는 본국을 대신하여 상대국을 상대합니다. 그의 결정과 협약은 곧 본국의 결정과 같은 효력을 갖습니다. 교회는 그런 권세가 있습니다. 그래서 모든 그리스도인들은 그리스도의 몸인 교회를 중요시하고, 교회의 가르침과 다스림에 선한 마음으로 순종해야 합니다.

그리스도인들은 곧 교인입니다.
그래서 교회를 바로 알고
그 교회를 사랑함으로 잘 섬겨야 합니다.
그것이 건강한 신앙생활입니다.

에피소드

목사님과의
잊지 못할 만남

오광호 장로

"이재옥 목사님 설교 말씀이 너무 좋으시니까…, 그 좋은 말씀이 화평교회 개척의 계기가 되었습니다."

당시 다섯 가정(권영옥, 김정수, 조성대, 정봉화, 오광호)이 '새로 교회를 개척하자'고 마음을 정하였습니다.

첫 예배처가 지하에 있는 조성대 장로님 가정이었는데 위층 집주인이 소란스럽다고 나가라 해, 금호동 꼭대기에 있는 김정수 장로님 집에 모여서 얼마간 예배드리다가 행당동의 2층 건물을 얻어 예배드리게 되었습니다.

그 건물 주인이 동네 통장이었는데 하반신이 불편한 그분을 위해 이재옥 목사님께서 기도도 많이 해주시고 예배도 함께 드리곤 하였습니다.

당시 이웃들이 진정서를 내서 교회를 못 들어오게 하려고 했을 때, 통장인 건물 주인이 동네 사람들에게 "하나님을 믿는 사람들이 어떤 사람들인 줄 아느냐? 괜히 섣부르게 행동하지 말라"고 도움을 주어서 강동지역으로 이전하기 전까지 몇 달 동안 아무 염려 없이 예배드릴 수 있었습니다. 그 당시는 모두들 가난해서 목사님께서 성도들 점심도 많이 사주시고, 교회 청소도 함께 하고 그랬습니다.

어느덧 세월이 흘러 이렇게 부흥하게 되는 교회의 모습을 보니, 감회가 깊고 하나님의 은혜임을 깨닫습니다. "개척교회 하는 사람이 다 좋죠. 하루하루 부흥하는 게 너무나 재미있고, 또 맘 맞는 사람들과 예배드리니까 좋고, 뭐 그때야 그게 진짜 천국이죠. 개척교회 해 본 사람만 알지, 안 해본 사람은 몰라!"

*오광호 장로(2013년 소천) 이야기는 2009년 교회설립 30주년 영상을 재구성한 내용입니다.

SERMON 5

성경이면
충분합니다!

요한복음 20:29-31

29 예수께서 이르시되 너는 나를 본 고로 믿느냐 보지 못하고 믿는 자들은 복되도다 하시니라

30 예수께서 제자들 앞에서 이 책에 기록되지 아니한 다른 표적도 많이 행하셨으나

31 오직 이것을 기록함은 너희로 예수께서 하나님의 아들 그리스도이심을 믿게 하려 함이요 또 너희로 믿고 그 이름을 힘입어 생명을 얻게 하려 함이니라

* 누가 복된 자라 했습니까?

* 마태복음 16장 17절에서는 누가 복된 자라 했습니까?

* 그리스도를 믿을 수 있음이 복인 이유는 무엇입니까?

요 3:16

* 베드로는 어떻게 예수를 믿는 신앙고백을 할 수 있었던 것입니까?

마 16:17

우리가 하나님 앞에 감사하는 것 중에 **첫째는 독생자 예수님을 내어주신 것이고, 둘째는 성경을 주신 것입니다.**

우리에게 성경이 있음은 은혜요, 하나님의 사랑입니다. 신앙생활은 영적이므로, 기도하고 말씀을 묵상하면서 다양한 영적 체험을 할 수 있습니다. 그러나 그런 것들은 개인의 신앙생활에 도움이 되는 것은 분명하지만, 우리 신앙생활의 근거가 되는 것은 아닙니다.

오직 하나님 말씀인 성경만이 신앙과 생활의 근거이고, 신앙생활에서 성경이면 충분한 것입니다.

1
성경은 하나님의 말씀이다

기독교의 신앙은 오직 성경에 근거합니다. 우리 신앙의 대상인 그리스도 예수님과 하나님 아버지는 성경에서 보여주고 가르쳐주시는 그대로 믿는 것입니다. 성경은 우리를 사랑하시고 우리 구원을 위해 독생자를 내주신 하나님 아버지의 말씀입니다. 우리를 푸른 초장으로, 쉴만한 물가로 이끌어 가시는 선한 목자의 음성인 것입니다.

(1) 계시로 기록된 말씀

계시는 감추어졌던 것이, 가려져서 보이지 않던 것이 보여졌다는 의미입니다. 하나님은 성령으로 그 말씀을 우리에게 주셨습니다(딤후 3:16; 벧후 1:21). 하나님이 성령으로 주셨다는 것은 성경이 어떤 사람의 저작물이 아니라는 것입니다. 분명히 사람이 기록한 것이 맞지만 그들이 자기 생각이나 느낌, 깨달음을 기록한 게 아니고 성령의 감동하심 안에서 허락된 말씀을 기록하였다는 것입니다.

성령의 감동으로 기록된 계시의 말씀이기 때문에 성경에는 오류가 없으며, 변경되거나 추가해야만 할 어떤 내용이 존재하지 않습니다. 우리가 믿고 구원받으며, 신앙생활 하는 데 충분한 말씀입니다.

(2) 계시 완성자 예수

"옛적에 선지자들을 통하여 여러 부분과 여러 모양으로 우리 조상들에게 말씀하신 하나님이, 이 모든 날 마지막에는 아들을 통하여 우리에게 말씀하셨으니 이 아들을 만유의 상속자로 세우시고 또 그로 말미암아 모든 세계를 지으셨느니라" 히 1:1, 2

예수님은 "말씀이 육신이 되어" 우리 가운데 오신 분이십니다. 여기서 말씀은 곧 삼위일체이신 하나님의 아들 그리스도를 가리키는 것입니다(요 1:1-5). 말씀이 육신이 되었다는 것은 우리 귀에 들려지던 말씀이 이제는 우리 눈에 보여지는 시청각적인 말씀으로 나타났음을 뜻합니다. 그분이 곧 예수님이십니다.

"이 모든 날 마지막에"는 '계시의 끝'을 의미합니다. 여러 시대에 여러 부분으로(조각들) 계시되어 오던 하나님의 말씀이, 예수님이 세상에 오심으로 하나님의 말씀 계시가 종결되었다는 의미입니다.

"본래 하나님을 본 사람이 없으되 아버지 품 속에 있는 독생하신 하나님이 나타내셨느니라" 요 1:18

(3) 성경은 구약과 신약으로 구성됩니다.

성경은 전체 66권으로 구약이 39권, 신약이 27권입니다. 이 같은 성경은 무려 1,600년 동안에 40여 명의 다양한 계층의 저자들에 의해 기록되었습니다. 성령의 감동을 받아 성경을 기록한 그들은 다양한 시대에 다양한 직업을 가진 사람들이었습니다. 그럼에도 불구하고 성경이 통일성을 갖는 것은 모든 시대에 걸쳐 말씀하신 분은 여호와 하나님 한 분이시고, 그들을 감동시키어 기록하게 하신 분도 성령님 한 분이시기 때문입니다.

2
성경은 구원을 위한 말씀이다

(1) 성경의 목적은 구원입니다.

"예수께서 제자들 앞에서 이 책에 기록되지 아니한 다른 표적도 많이 행하셨으나, 오직 이것을 기록함은 너희로 예수께서 하나님의 아들 그리스도이심을 믿게 하려 함이요 또 너희로 믿고 그 이름을 힘입어 생명을 얻게 하려 함이니라" 요 20:30-31 (☆딤후 3:15; 행 13:26)

성경에는 다양한 시대 배경과 다양한 내용들이 있지만 그 모든 것은 한 가지 즉 구원이라는 목적을 두고 기록한 하나님의 말씀입니다. 성경은 죄인을 구원하시는 하나님의 구원을 알려주는 말씀입니다. 그러므로 우리는 성경을 읽고 배우면서 하나님의 구원의 은혜를 깨닫고 발견하게 됩니다. 성경은 그것을 목적으로 기록된 하나님의 말씀입니다.

(2) 성경은 모든 사람이 구원받아야 한다는 것을 알려 줍니다.

이 세상에 태어나 살아가는 모든 사람들은 하나같이 아담 안에서 범죄하고 타락한 죄인이라는 것을 알게 합니다(롬 3:23). 발전된 현대 과학은 인간의 유전자 검사를 통해 친자 확인을 해줍니다. 어떤 사연으로 오랫동안 헤어졌던 사람들이 그 가족을 찾게 될 때에 반드시 거치는 과정이 유전자 검사입니다. 그것을 통해 친자 확인이나 혈연관계를 알 수 있습니다.

이 세상에 살아가는 모든 사람은 인종과 문화가 다르고 각기 사는 지역과 언어가 달라도 모두가 한 사람, 아담의 자손들입니다. 그러므로 과거 현재 미래의 모든 인류는 아담 안에서 함께 범죄하였고, 함께 타락한 것입니다. 그래서 모든 사람에게는 그 죄로 인하여 죽음과 영원한 심판이 예비되었습니다.

"한번 죽는 것은 사람에게 정해진 것이요 그 후에는 심판이 있으리니" 히 9:27

그뿐만 아니라 타락한 인간은 스스로 자신을 구원할 수 없는 연약함을 갖고 있다는 것을 알게 합니다.

"내 속 곧 내 육신에 선한 것이 거하지 아니하는 줄을 아노니 원함은 내게 있으나 선을 행하는 것은 없노라. 내가 원하는 바 선은 행하지 아니하고 도리어 원하지 아니하는 바 악을 행하는도다" 롬 7:17-18

세상에 존재하는 모든 자연종교의 구원관은 하나같이 자력 구원입니다. 선행과 금욕과 고행을 하고, 종교적 자기수련을 통해 구원에 이를 수 있다고 말합니다. 하지만 성경은 타락한 인간은 어떤 노력으로도 자신을 구원할 수 없다고 가르칩니다. 그것이 타락한 인간의 비참입니다. 오직 하나님만이 타락한 인간을 구원하실 수 있다는 것을 성경은 알게 합니다.

(3) 구원자 그리스도 예수를 알게 합니다.

하나님의 구원은 그리스도 예수님의 대속하심을 통한 구원입니다. 하나님은 그 아들 예수님을 통해 우리의 모든 구원을 이루셨고, 다만 그를 믿음으로 우리가 죄와 멸망에서 구원받게 하셨습니다.

그런데 우리가 예수 그리스도를 믿기 위해서는 먼저 그리스도이신 예수님을 알아야 합니다. 그래서 예수님은 말씀하셨습니다.

"영생은 곧 유일하신 참 하나님과 그가 보내신 자 예수 그리스도를 아는 것이니이다" 요 17:3

성경은 구원자이신 예수 그리스도를 알게 합니다. 성경이 가르쳐 주시는 구원자 예수님은 어떤 분이십니까?

† 성경은 그리스도 예수님을 하나님의 아들이라고 알려줍니다 (요 3:16).
† 그리스도 예수님이 십자가에 달려 죽으심으로 우리의 모든 죄를 대속해 주셨다고 알려 줍니다. 그래서 구원을 위해 우리가 할 일은 오직 그를 믿는 것뿐이라고 합니다 (벧전 1:9).
† 성경은 예수를 중심으로 기록되었습니다.
 "너희가 성경에서 영생을 얻는 줄 생각하고 성경을 연구하거니와 이 성경이 곧 내게 대하여 증언하는 것이니라" 요 5:39

곧 성경은 하나님의 구원이신 그리스도 예수님을 알게 하는 목적으로 기록되었다는 것입니다. (☆롬 1:2; 눅 24:27; 고전 5:3, 4; 행 18:28)

우리는 성경을 읽고 배움으로 그리스도 예수를
알게 되고 그를 믿음으로 구원을 받습니다.
우리가 믿고 구원받음에서 성경이면 충분합니다.
또 다른 무엇이 필요하지 않습니다.
우리가 믿고 구원받음에 필요한 모든 것을
성경이 다 제공하였습니다.

3
성경은 하나님을 알게 한다

성경은 하나님의 말씀입니다. 하나님은 우리 눈으로 볼 수 없는 영이십니다. 영이신 하나님은 우리를 사랑하시고 우리를 위한 구원의 길을 열어주셨습니다. 성경은 그 하나님을 우리에게 알게 합니다.

예수님은 이 땅에 오신 하나님이셨습니다.
"말씀이 육신이 되어 우리 가운데 거하시매 우리가 그의 영광을 보니 아버지의 독생자의 영광이요 은혜와 진리가 충만하더라" 요 1:14

우리 눈에 보이지 않던 하나님이 사람으로 나타나셔서 우리에게 하나님을 보여주신 것입니다.

"본래 하나님을 본 사람이 없으되 아버지 품속에 있는 독생하신 하나님이 나타내셨느니라" 요 1:18

예수님은 보여지신 하나님이셨습니다.
그래서 예수님은 말씀하셨습니다.

"나를 본 자는 아버지를 보았거늘 어찌하여 아버지를 보이라 하느냐" 요 14:9

"내가 아버지 안에 거하고 아버지께서 내 안에 계심을 믿으라 그렇지 못하겠거든 행하는 그 일로 말미암아 나를 믿으라" 요 14:11

"나와 아버지는 하나이니라 하신대" 요 10:30

예수님 안에서 전능하신 하나님과 만물을 창조하신 하나님을 보이셨으며, 하나님의 성품과 하나님의 뜻과 하나님의 영광을 나타내시고 보여주신 것입니다. 그러므로 우리가 성경을 읽고 배우면 영이신 하나님, 살아 역사하시는 하나님을 만나게 됩니다.

성경을 주신 하나님 아버지께 감사합시다.
그리고 하나님의 말씀이신 성경을 읽고 듣고 배우는
일에 열심하여, 살아 역사하시는 하나님의 말씀이
내 안에 가득하게 채웁시다.

"그리스도의 말씀이 너희 속에 풍성히 거하여 모든 지혜로 피차 가르치며 권면하고 시와 찬송과 신령한 노래를 부르며 감사하는 마음으로 하나님을 찬양하고" 골 3:16

4
성경을 읽고 묵상하자

우리가 성경의 가치와 소중함을 알았으면, 성경을 읽고 묵상하기를 즐겨야 합니다. 성경 즉 하나님의 말씀은 우리 영혼의 양식과 같습니다. 몸이 건강한 사람은 음식을 잘 먹고 잘 소화하지만, 병들고 아프면 식욕이 떨어집니다. 마찬가지로 영적으로 건강한 그리스도인은 하나님의 말씀을 사모합니다. 그래서 성경을 읽고 듣고 배우고 묵상합니다.

† **요한계시록 1:3**, "이 예언의 말씀을 읽는 자와 듣는 자와 그 가운데에 기록한 것을 지키는 자는 복이 있나니 때가 가까움이라"

† **시편 119:147-148**, "내가 날이 밝기 전에 부르짖으며 주의 말씀을 바랐사오며, 주의 말씀을 조용히 읊조리려고 내가 새벽녘에 눈을 떴나이다"

† **시편 119:103**, "주의 말씀의 맛이 내게 어찌 그리 단지요 내 입에 꿀보다 더 다니이다"

에피소드

목사님과의
잊지 못할 만남

김경수 목사

이재옥 목사님의 성역 43년을 경하드립니다. 1979년 개척 이후 강산이 5번 바뀌는 오늘까지 한 교회에서 목회하셨다는 것은 목사님이 양떼를 얼마나 아끼고 사랑하셨으며, 양떼는 얼마나 목사님을 신뢰하였는지 우리 주님이 인정하셨기에 가능했습니다.

목사님의 목회에 언제나 감명이 넘침은 주님의 명령을 몸소 실천하시며, 주님께 받은 은혜를 어려운 이들에게 나누시고 베푸시는 사랑에서 우러나기 때문일 것입니다.

얼마든지 대형 교회를 건축하여 개교회 중심으로 안정된 목회를 하실 수 있음에도 불구하고, 상가 교회를 고집하며 동역한 부교역자들을 위해 13군데 지교회를 설립하고, 50여 곳 선교지에 후원을 아끼지 않으며, 땅 끝까지 이르러 내 증인이 되어 달라고 하신 주님의 마지막 부탁을 실천하신 목사님은 사랑의 종이십니다.

목사님의 사랑을 20년 동안 입은 곳이 제가 시무하고 있는 중앙보훈병원 교회입니다. 부족한 종은 병원 목회자로서 코로나19 이전에 겪어 보지 못했던 아픔을 겪으면서도, 누군가의 사랑과 기도가 있음에 용기를 얻어 엘리사처럼 주님을 모시고 고난의 요단강을 건너가고 있습니다.

계속되는 코로나 팬데믹으로 병원이라는 특수한 환경에 속한 우리 교회는 위기의 순간도 많았습니다. 누가복음 10장의 강도 만나 가진 것 다 빼앗기고 맞아 죽어가는 사람의 입장과 같은 절박한 때도 있었습니다.

그 2년 동안 모든 단체와 교회는 아무도 관심 주지 않았지만, 목사님은 본 교회의 재정적인 어려움 속에 선한

사마리아인이 되어 주셨습니다. 2003년부터 시작된 화평교회의 기도와 후원이 20년이 지난 오늘까지 계속되고 있음에, 땅끝인 중앙보훈병원교회를 향한 목사님의 사랑과 기도를 더욱 깊이 새기게 됩니다.

56년 역사의 중앙보훈교회는 병원교회로서는 유일하게 정통교단인 대신에 소속하여 모든 총회원들의 사랑과 기도로 한국뿐 아니라 세계적인 복음의 전초기지로서 역할을 감당해 왔고, 오늘의 역경을 이기고 병원 선교 사명을 묵묵히 감당해 나갈 것입니다.

목사님께서 사랑과 후원을 베풀어 주시는 우리 교회는 코로나19로 환난을 겪으면서도, 주님의 특별하신 은혜로 모든 공예배를 단 한 차례도 거르지 않고 있습니다. 그리고 1,400여 환우들과 가족들, 의료진들을 구원하기 위해 사명을 다하고 있습니다.

우리 교회를 향한 목사님의 사랑과 기도에 진심으로 감사드리며, 목사님 은퇴 이후 더 큰 생명 구원의 역사가 이루어져 충성된 빌라델비아교회를 향하여 주신 의의 면류관의 축복이 목사님 남은 생애 동안 더 크게 이루어지기를 기도드립니다.

"네가 작은 능력을 가지고서도 내 말을 지키며 내 이름을 배반치 아니하였도다, 네가 나의 인내의 말씀을 지켰은즉 내가 또한 너를 지켜 시험의 때를 면하게 하리니 이는 장차 온 세상에 임하여 땅에 거하는 자들을 시험할 때라" 계 3:8, 10

※ 김경수 목사는 현재 중앙보훈교회 담임목사로 시무하고 있습니다.

SERMON 6

성경을 읽고 배우는 이유

디모데후서 3:14-17

14 그러나 너는 배우고 확신한 일에 거하라 너는 네가 누구에게서 배운 것을 알며

15 또 어려서부터 성경을 알았나니 성경은 능히 너로 하여금 그리스도 예수 안에 있는 믿음으로 말미암아 구원에 이르는 지혜가 있게 하느니라

16 모든 성경은 하나님의 감동으로 된 것으로 교훈과 책망과 바르게 함과 의로 교육하기에 유익하니

17 이는 하나님의 사람으로 온전하게 하며 모든 선한 일을 행할 능력을 갖추게 하려 함이라"

* 성경의 역할에는 어떤 내용들이 있습니까?

* 시편 19장 7-9절에서 성경의 역할에는 어떤 것이 있습니까?

* 청년이 어떻게 그 행실을 깨끗하게 할 수 있다고 했습니까?(시편 119:9)

* 우리는 무엇을 배우고 무엇에 확신을 가져야 합니까?

　　그리스도인들은 성경을 주신 하나님께 감사하고, 성경을 항상 읽고 듣고 배우려고 노력해야 합니다. 그리스도인이 그 신앙생활에서 승리하려면, 무엇보다 하나님의 말씀 곧 성경을 친근히 하고 그 말씀에서 멀어지지 않아야 합니다.

　　"오늘 내가 네게 명하는 이 말씀을 너는 마음에 새기고, 네 자녀에게 부지런히 가르치며 집에 앉았을 때에든지 길을 갈 때에든지 누워 있을 때에든지 일어날 때에든지 이 말씀을 강론할 것이며, 너는 또 그것을 네 손목에 매어 기호를 삼으며 네 미간에 붙여 표로 삼고, 또 네 집 문설주와 바깥 문에 기록할지니라" 신 6:6-9

1
기독교 신앙은
오직 성경에 근거한다

성경은 우리의 구원을 목적으로 주신 하나님의 말씀입니다. 그러므로 성경은 구원의 주님이신 그리스도 예수를 알게 합니다. 그리고 우리를 사랑하시고 구원의 길을 열어주신 하나님을 알게 합니다. 그래서 오직 성경만이 기독교 신앙의 전부인 것입니다. 성경은 기독교 신앙의 교본과 같습니다. 그러므로 성경의 가르침을 벗어나면, 그 어떤 것도 기독교 신앙일 수 없습니다.

"하나님의 말씀은 살아 있고 활력이 있어 좌우에 날선 어떤 검보다도 예리하여 혼과 영과 및 관절과 골수를 찔러 쪼개기까지 하며 또 마음의 생각과 뜻을 판단하나니" 히 4:12

하나님의 말씀은 단순히 문자로 성경책 속에 담겨만 있는 게 아니라는 것입니다. 살아 있는 하나님의 말씀을 읽고 듣고 삶에서 지켜 행할 때, 그 말씀은 우리 삶을 변화시키고 완악한 우리 마음을 열어 믿음을 갖게 합니다.

"그러므로 믿음은 들음에서 나며 들음은 그리스도의 말씀으로 말미암았느니라" 롬 10:17

2
배우고 확신한 일에 거하라

그리스도인은 자신이 믿는 것에 대한 확신을 가져야 합니다. 그리스도 예수를 믿음으로 얻는 구원의 확신, 믿음 안에서 하나님의 자녀 된 것의 확신, 기도하면 하나님이 응답하신다는 확신, 영원한 미래인 천국의 확신, 이런 확신은 그리스도인으로 현실의 삶을 긍정적으로 살게 하며, 모든 일에 담대함을 갖게 합니다.

우리 확신은 자신의 신념이 아니라 하나님의 말씀인 성경 말씀에 근거합니다. 하나님의 말씀인 성경은 우리가 믿는 모든 믿음의 내용과 믿음의 결과들에 대하여 보증하며 증언하는 의미가 있습니다.

그래서 그리스도인들은 하나님의 말씀을 열심히 읽고 듣고 배우기를 힘써야 합니다. "배우고 확신한 일에 거하라" 하심은 성경 말씀에 뿌리내린 믿음과 확신을 가져야 한다는 것입니다(딤후 3:14).

성경은 하나님의 말씀이기 때문에 우리가 그 말씀을 믿고 실천하며 살아갈 때, 신실하신 하나님이 그 결과를 책임져 주십니다. 사람의 말을 믿었다가 낭패를 당하는 일들은 있겠지만, 하나님의 말씀을 믿으면 그 말씀대로 선한 결과를 얻게 됩니다.

3
하나님의 감동으로 된 말씀

"**모든 성경은 하나님의 감동으로 된 것으로**", 사람의 창작물이 아닙니다. 개인의 경험이나 신념을 기록한 것이 아닙니다. 하나님의 감동하심을 받은 사람들이 하나님께 받아서 기록한 말씀입니다(딤후 3:16).

"먼저 알 것은 성경의 모든 예언은 사사로이 풀 것이 아니니, 예언은 언제든지 사람의 뜻으로 낸 것이 아니요 오직 성령의 감동하심을 받은 사람들이 하나님께 받아 말한 것임이라" 벧후 1:20-21

성경을 기록한 사람들, 예를 들어 사도 바울의 서신서들은 그의 경험과 처한 상황에서 주어지는 교훈과 가르침이지만, 하나님은 그 같은 바울의 경험이나 그의 깨달음 등을 사용하셔서 하나님의 말씀과 뜻을 나타내신 것입니다. 이때에 하나님의 성령은 그를 감동하심으로 감독하시고 오류가 없도록 이끌고 지도하셨던 것입니다.

'하나님의 감동'은 성령으로 주어지는 **'영감'**으로, 성령이 성경을 기록하는 그들을 사용하셨다는 의미입니다.

4
구원에 이르는 지혜가 있게 한다

하나님이 성경이라는 특별계시를 우리에게 주신 것은 "십자가의 도가 멸망하는 자들에게는 미련한 것이요 구원을 받는 우리에게는 하나님의 능력이라"고 하였습니다(고전 1:18).

'십자가의 도'는 예수 그리스도께서 십자가에 달려 피 흘려 죽으심으로 우리의 모든 죄를 속량해 주신 것을 가리킵니다. 이 같은 십자가의 도가 구원의 능력이라는 말씀입니다. 그리스도 예수님이 십자가에서 우리 모든 죄를 대속해 주셨음을 믿고 구원의 주님을 받아들이면 죄와 멸망에서 구원받습니다(딤후 3:15).

"내가 복음을 부끄러워하지 아니하노니 이 복음은 모든 믿는 자에게 구원을 주시는 하나님의 능력이 됨이라 먼저는 유대인에게요 그리고 헬라인에게로다" 롬 1:16

이 같은 사실을 깨닫게 하고 그리스도 예수를 알게 하며, 믿음으로 이끌어 주는 게 성경의 역할이란 말씀입니다.

"오직 이것을 기록함은 너희로 예수께서 하나님의 아들 그리스도이심을 믿게 하려 함이요 또 너희로 믿고 그 이름을 힘입어 생명을 얻게 하려 함이니라" 요 20:31

성경의 가르침이 아니고는
구원의 길을 알 수 없습니다.
오직 성경만이
구원의 길과 방법을 알려줍니다.

5
교훈과 책망과 바르게 함과 의로 교육하기에 유익하니

하나님의 감동으로 기록된 성경은 하나님의 사람들을 가르치고 교육하기 위해 필요하다는 것입니다. "교훈과 책망, 바르게 함"은 하나님의 사람들이 바르지 못한 삶과 행동을 보일 때, 하나님의 말씀은 그들을 가르쳐 바른길을 걷도록 바로잡는다는 것입니다. "의로 교육하기에"는 하나님의 사람으로서 옳고 바른 삶이 무엇인지를 가르치고, 그 길을 걸어가도록 이끌고 훈련한다는 의미입니다(딤후 3:16).

구원받은 그리스도인들은 비록 구원받은 성도이지만, 날마다 하나님의 말씀으로 가르침을 받을 필요가 있다는 말씀입니다. 구원받은 우리지만 우리의 육체는 타락한 속성을 그대로 지니고 있기 때문에, 우리는 육체의 욕심을 따라 범죄하고 바르지 못한 길을 걷습니다.

그래서 날마다 하나님의 말씀을 읽고 듣고 배움으로 우리의 삶을 점검하게 되고 옳지 못한 것을 버리고 바른길을 걷게 됩니다. 그러므로 건강한 신앙생활, 승리하는 신앙생활은 성경 말씀 없이는 불가능합니다. 그래서 성경에 "이 예언의 말씀을 읽는 자와 듣는 자들과 지키는 자들이 복이 있다" 하였습니다(계 1:3).

6
하나님의 사람으로
온전하게 하며

"이는 하나님의 사람으로 온전하게 하며", 여기서 '온전함'은 성장과 관계됩니다(딤후 3:17). 어린이는 지혜와 지식, 분별력과 말과 행동이 온전하지 못합니다. 그래서 일꾼이 아닌 일감입니다.

하지만 나이가 들고 성장하게 되면, 지혜와 분별력이 성숙하게 되고 자기 의사를 표현하는 말과 행동이 온전해지기 때문에 일꾼으로 쓰임 받게 됩니다.

그래서 '하나님의 사람으로 온전하게 함'은 그리스도인이 영적으로 성장하고 성숙되는 것을 의미합니다. 하나님의 사람이 영적으로 성장하는 일에 하나님의 말씀인 성경이 중요한 역할을 하게 된다는 것입니다. 우리가 그리스도 예수를 믿는 믿음은 하나님이 주시는 선물입니다(엡 2:8). 내가 노력하고 갈구해서 얻은 게 아닙니다. 하지만 그 믿음 안에서 성장하는 데는 우리의 노력이 필요합니다. 하나님의 말씀인 성경을 읽고 듣고 배우고 실천하는 노력을 통해 우리는 성장합니다. 하나님의 말씀을 듣고 배우는 일을 게을리하면 믿음 안에서 성장하는 게 어렵습니다. 그래서 예수님은 말씀하셨습니다.

"그러나 먼저 된 자로서 나중 되고 나중 된 자로서 먼저 될 자가 많으니라" 마 19:30

7
구원의 안전장치

성경을 우리에게 주신 것은 하나님의 은혜요, 또한 우리가 믿음으로 얻은 구원을 위한 안전장치를 주신 것이라고 할 수 있습니다.

하나님은 그 은혜로 우리를 구원해 주셨고, 그리한 후에 모든 것을 우리 자신에게만 맡겨주셨다면 우리가 믿음으로 얻은 구원은 결코 결실할 수 없을 것입니다. 우리는 연약하고, 변덕스럽고, 결심을 할지라도 지켜낼 의지가 온전하지 못하기 때문입니다.

그런데 우리의 연약함을 잘 아시는 하나님은 그리스도를 믿음으로 우리를 구원하셨고, 우리가 믿음으로 얻은 구원을 지켜낼 수 있도록 안전장치를 마련해 주셨습니다.

그리스도의 몸인 교회를 주심도, 보혜사 성령을 보내 주심도 구원을 위한 안전장치입니다. 특히 하나님의 말씀인 성경을 주심은 우리의 구원을 위한 최고의 안전장치인 것입니다.

한 번 듣는 것으로 그치는 말씀이 아니라 우리가 언제든지 성경을 읽고 배우고 묵상함으로, 우리 자신을 살피고 믿음의 뿌리를 깊게 할 수 있기 때문입니다. 우리는 성경 말씀을 주신 하나님 아버지께 감사하고 그 말씀을 사모하며 늘 가까이하여 자신의 신앙과 삶을 항상 점검해야 합니다.

하나님의 말씀이 내게 멀어지면,
죄가 내게 가까이 다가오는 것입니다.
반대로 하나님의 말씀이 내게 가까우면,
죄가 내게서 멀어지게 됩니다.

에피소드

목사님과의
잊지 못할 만남

정봉화 권사

1978년쯤 저는 왕십리에 있는 신성교회에 다니고 있었습니다. 그때 그 교회에서 섬기시던 이재옥 전도사님이 사임하시면서 새로 교회를 개척하기로 하셨는데, 개척이 뭔지도 잘 몰랐던 저는 그냥 전도사님을 따라가고 싶은 마음이 들었습니다.

그렇게 해서 다섯 가정이 마음을 모았고, 첫 예배처인 조성대 장로님의 반지하 집에서 예배를 드리기 시작했습니다. 그때를 잊을 수가 없습니다.

예배드릴 때마다 뜨거웠습니다. 기도할 때마다 눈물바다가 되었습니다. 매일같이 교회 가는 것이 기다려졌습니다. 주일이 지나면 수요예배가 기다려지고, 수요일이 지나면 금요예배가 기다려지고…. 비록 다섯 가정이 모여서 드리는 작고 초라한 예배였어도 정말 기쁘고 좋았습니다.

그들과 무엇을 함께 해도 행복하기만 했습니다. 모두가 가난했던 시절, 별맛 없는 국수 한 그릇씩이라도 다들 맛있게 잘 먹었습니다. 그래서 모일 때마다 웃음소리가 넘쳤습니다.

그렇게 가정에서 예배를 드리다가 조그만 예배당을 마련하게 되어, 마음이 흐뭇하고 너무나 기뻤습니다. 그 예배당에서 금요일 저녁부터 밤새워 통성기도 하며 찬송했던 기억이 지금도 생생하게 떠오르곤 합니다.

우리 좋으신 목사님을 만나서, 평생 행복하게 신앙생활 할 수 있게 해주신 목사님과 하나님의 크신 은혜에 감사드립니다. 할렐루야!

SERMON 7

예배란 무엇입니까?

히브리서 10:19-22

19 그러므로 형제들아 우리가 예수의 피를 힘입어 성소에 들어갈 담력을 얻었나니

20 그 길은 우리를 위하여 휘장 가운데로 열어 놓으신 새로운 살 길이요 휘장은 곧 그의 육체니라

21 또 하나님의 집 다스리는 큰 제사장이 계시매

22 우리가 마음에 뿌림을 받아 악한 양심으로부터 벗어나고 몸은 맑은 물로 씻음을 받았으니 참 마음과 온전한 믿음으로 하나님께 나아가자

* 예수의 피를 힘입어 어디에 들어갑니까?

* 휘장 가운데로 열린 길은 무엇을 뜻합니까?

* 우리는 어떻게 하나님께로 나아가야 한다고 했습니까?

* 예수의 피는 무엇을 뜻하는 것입니까?

　그리스도인을 다른 말로 하면 하나님을 예배하는 사람들입니다. 우리를 그리스도 안에서 구원해 주셨습니다. 그리고 하나님은 우리를 예배자로 삼으셨습니다.

　그리스도인의 삶에서 가장 우선되는 것은 하나님을 예배하는 것입니다. 예배는 그리스도인들의 신앙과 삶에 큰 영향을 미칩니다.

1
예배의 단어적인 의미

① **숭배하다**(경의를 표하다)

　***절하다**(엎드림/ 행 9:4)　***경외심**(신 6:13)

② **가까이하다**(약 4:8; 시 73:28)

③ **하나님 얼굴을 구하다**(자비, 긍휼을 구한다)

2
예배는 하나님 앞에 나아감이다

(1) **히브리서 10:19, 22,** "그러므로 형제들아 우리가 예수의 피를 힘입어 성소에 들어갈 담력을 얻었나니, 우리가 마음에 뿌림을 받아 악한 양심으로부터 벗어나고 몸은 맑은 물로 씻음을 받았으니 참 마음과 온전한 믿음으로 하나님께 나아가자"

(2) 에덴동산의 아담과 하와

에덴동산에서 아담과 하와는 하나님 앞에 서는 예배자였습니다. 하나님 아버지와 관계를 맺고 그 동산에서 어울리며, 말씀을 나누고 대화하는 진정한 예배자였습니다. 그 같은 예배 속에서 풍성한 생명과 안식과 행복을 누릴 수 있었던 것입니다. 하나님이 아담과 하와를 하나님의 형상을 따라 지으신 것도 결국 하나님을 예배하는 자로 삼고자 하심이었다고 할 수 있습니다(인격적 교제).

하지만 불행하게도 아담과 하와는 그곳에서 뱀의 유혹에 넘어가 범죄하였고 타락하였습니다. 타락은 하나님과의 관계에서 단절을 가져왔고, 더 이상 하나님을 예배할 수 없게 된 것입니다. 그들은 에덴동산에서 추방되었으며, 진정한 예배의 길이 막힌 것입니다.

(3) 시내산에서 모세

모세는 출애굽 후 하나님의 부르심을 받고, 시내산에 올라 빽빽한 구름 속에서 하나님 앞에 40일 동안 머물렀습니다(출 19:20). 임의로 하나님 앞에 나아가는 게 아니라 하나님의 부르심에 의해서 그 앞에 나아갔던 것입니다. 하나님 앞에 머무는 동안 모세는 오로지 경외함으로 충만하였습니다. 하나님 앞에 서며 그 하나님을 의식하게 되면 자연스레 경외심을 갖게 됩니다. 하나님 앞에 머물면서 하나님으로부터 주어진 율법과 계명을 받고, 성막의 소상한 내역들을 받게 됩니다(출 31:18). 하나님 앞에 있는 그것이 예배입니다.

(4) 구약 이스라엘의 성막(성전)

하나님은 출애굽 한 이스라엘 백성들에게 성막을 주셨습니다. 이스라엘은 성막을 통해 하나님 앞에 간접적으로 나아갔습니다. 성막은 하나님이 그들 가운데 임재하심이고, 이스라엘은 제사장과 거룩한 제사를 가지고 간접적으로 하나님 앞에 나아갈 수 있었습니다.

이 같은 성막은 그리스도 예수를 통해 하나님 앞에 나아가는 참 예배의 그림자 같은 역할을 하였습니다. 그리스도 예수께서 이 땅에 오셔서 십자가에 달려 피 흘려 죽으심으로 성취하시고 폐하셨습니다.

(5) 그리스도를 통한 나아감

예수님은 하나님 앞에 나아가는 길이었습니다.

"예수께서 이르시되 내가 곧 길이요 진리요 생명이니 나로 말미암지 않고는 아버지께로 올 자가 없느니라" 요 14:6

예수님은 친히 십자가에 달려 피 흘려 죽으심으로 그 길이 되신 것입니다. 그러므로 우리 모두는 오직 그리스도의 십자가 구속의 은혜 안에서 하나님 앞에 나아갑니다.

주일 예배는 교회가 공동체로 하나님 앞에 나아감입니다. 하나님은 그 예배 중에 임재하시고 찬양과 영광을 받으십니다.

"두세 사람이 내 이름으로 모인 곳에는 나도 그들 중에 있느니라" 마 18:20

"아버지께 참되게 예배하는 자들은 영과 진리로 예배할 때가 오나니 곧 이 때라 아버지께서는 자기에게 이렇게 예배하는 자들을 찾으시느니라, 하나님은 영이시니 예배하는 자가 영과 진리로 예배할지니라" 요 4:23, 24

하나님이 받으시는 진정한 예배는 오직 그리스도 예수를 의지하는 믿음의 예배입니다. 어느 누구도 자기 의와 자기 자격으로 하나님 앞에 나아갈 수 없지만, 우리 죄를 구속하신 그리스도를 의지하면 누구든지 다 하나님 앞에 나아갈 수 있습니다.

"우리가 마음에 뿌림을 받아 악한 양심으로부터 벗어나고 몸은 맑은 물로 씻음을 받았으니 참 마음과 온전한 믿음으로 하나님께 나아가자" 히 10:22

그리스도인들이 하나님 앞에 나아가는 진정한 예배는 **오직 그리스도만을 의지하는 믿음과 성령 안에서, 성령으로 말미암아 예배해야 합니다. 성령이 임재하시고 주장하시는 예배가 되어야 합니다.** 또한 은혜를 깨닫고 감사함으로 예배해야 하고, 온 마음을 다하는 예배가 되어야 합니다. 이 같은 예배에는 구원의 역사가 따르고, 회개하는 일과 변화의 열매가 맺어지게 됩니다.

이 같은 예배를 할 수 있는 사람은
오직 그리스도를 믿고 구원받은 자라야 합니다.
예배의 자리에 참석했다고 다 같은 예배자가
되는 것은 아닙니다.

반드시 구원받은 자들만이
영과 진리의 예배를
할 수 있습니다.

SERMON 8

참되게
예배하라!

요한복음 4:20-24

20 우리 조상들은 이 산에서 예배하였는데 당신들의 말은 예배할 곳이 예루살렘에 있다 하더이다

21 예수께서 이르시되 여자여 내 말을 믿으라 이 산에서도 말고 예루살렘에서도 말고 너희가 아버지께 예배할 때가 이르리라

22 너희는 알지 못하는 것을 예배하고 우리는 아는 것을 예배하노니 이는 구원이 유대인에게서 남이라

23 아버지께 참되게 예배하는 자들은 영과 진리로 예배할 때가 오나니 곧 이 때라 아버지께서는 자기에게 이렇게 예배하는 자들을 찾으시느니라

24 하나님은 영이시니 예배하는 자가 영과 진리로 예배할지니라

* 예배에서 사마리아 여인의 관심은 무엇이었습니까?

* 어디에서 예배하는 게 맞느냐는 질문에 대한 예수님의 답변은 무엇입니까?

* 어떻게 예배하라고 했습니까?

* 하나님이 어떤 사람들을 찾으신다고 했습니까?

    그리스도인은 언제라도 예배생활에 힘써야 합니다. 예배는 우리가 그리스도인 됨의 목적입니다. 다시 말해 하나님은 우리를 구원하시고 구원받은 우리를 예배자로 삼으셨다는 의미입니다. 그래서 예배에 힘쓰되 '**참되게 예배함**'이 중요합니다.

    참되게 예배하는 것은 성경이 가르치며 요구하는 그 예배를 하는 것입니다. 먼저 우리가 습관적으로 하던 예배에 대한 점검과 반성이 있어야 합니다. 우리가 드리는 익숙하고 당연시 되는 예배가 과연 성경의 가르침에는 얼마나 부합되는 것인지, 아니면 잘못된 부분은 없는지 살펴보아야 합니다. 그러므로 먼저 성경이 요구하며 가르치는 예배란 어떤 것인가를 배우는 데서부터 참되고 바른 예배 회복이 시작됩니다.

본문 말씀은 예수님이 사마리아 수가성 우물가에서 한 여인과 더불어 나눈 대화입니다. 여인과 나누신 대화에서 우리는 예배에 대한 중요한 발견을 하게 됩니다.

1
예배에 대한 오해

» 예배에 대한 여인의 관심

하나님을 인정하고 섬기는 신앙인이라면 당연히 예배에 관심을 가져야 합니다. 그리스도인의 삶에서 중요한 게 예배이므로, 우리의 관심은 예배에 우선순위를 두어야 합니다.

어떻게 예배할까요? 어떻게 하면 하나님의 기쁨이 되는 예배를 할까요? 어떻게 해야 행복한 예배를 드릴까요? 예배에 대한 이 같은 관심이 더욱 예배를 예배되게 하는 것입니다.

그런데 예배에 대한 이 같은 관심 없이 습관적으로 반복되는 예배가 어쩌면 예배를 너무 건조하게 만들고, 하나님의 기쁨이 되지 못하는 예배일 수 있다는 생각을 하게 됩니다.

» 어디에서 예배할 것인가?

여인의 예배에 대한 관심은 장소적인 게 먼저였습니다. 그러나 사실은 누구에게 예배하느냐에 먼저 관심을 두어야 합니다. 그래야 바른 예배를 할 수 있기 때문입니다.

예배의 대상을 바로 알지 못하면서 장소에만 관심을 가진 것이 여인의 문제이듯이, 오늘날에도 예배를 장소적인 것으로 생각하는 경향이 적지 않습니다. 예배하는 장소가 전혀 중요하지 않다는 것이 아닙니다. 하지만 예배하는 장소가 아무리 화려하고 대단하다고, 거기서 하는 예배가 반드시 하나님의 기쁨이 되는 것은 아닙니다.

하나님이 요구하시는 참된 예배는 장소의 문제가 아니라 바른 예배인 것입니다. 정말 바른 예배는 장소를 초월하는 것입니다.

2
예수님의 가르침

(1) 내 말을 믿으라.

예수님은 예배에 대해 묻는 여인에게 "내 말을 믿으라" 하셨습니다(요 4:21). 예수님의 답변에 여인은 "그리스도라 하는 이가 오시면 모든 것을 우리에게 알려주실 것이다"라고 하였습니다(요 4:25).

예수님은 계시의 완성이십니다(히 1:1). 그러므로 바른 예배 역시 그리스도이신 예수님의 가르침 안에서 감당해야 합니다. 예수님의 말씀을 믿어야 한다는 것입니다. 그래서 예수님은 "너희가 아버지께 예배할 때가 이르리라" 하셨습니다(요 4:21). 즉 하나님을 참되게 예배하는 때가 이른다는 말씀이십니다. 그때가 그리스도 예수 안에서 열려진 것입니다.

(2) 하나님은 바르게 예배하는 자를 찾으십니다.

"아버지께서는 자기에게 이렇게 예배하는 자들을 찾으시느니라" 요 4:23

하나님이 예배하는 자들을 찾으신다는 것은 하나님이 예배를 기뻐하신다는 의미입니다.

하나님이 사람을 지으실 때에, 하나님의 형상을 따라 지으셨습니다. 모든 피조물은 다 하나님이 지으셨는데, 어떤 피조물도 사람처럼 하나님이 자기 형상을 따라 지으신 것은 없었습니다. 오직 사람만을 하나님이 자기 형상을 따라 지으셨다고 하신 것은 하나님이 특별한 목적 안에서 사람을 지으셨다는 의미입니다.

하나님이 사람을 하나님의 형상을 따라 지으신 것은, 곧 하나님을 예배하는 자로 창조하셨다는 것입니다.

인간에게서 하나님의 형상이란 곧 하나님이 영이시듯, 인간도 영적인 존재라는 의미입니다. 그리하여 영이신 하나님과 교통하는 예배자가 될 수 있었던 것입니다. 그런데 인간이 아담 안에서 범죄하고 타락함으로 하나님과 단절이 되었습니다.

그것을 가리켜 "영적 죽음"이라고 합니다. 범죄하고 타락한 인간은 영적으로 죽은 자들이었습니다. 그래서 하나님을 알 수 없으며(고전 1:21), 하나님과 교통할 수도 없었습니다. 즉 예배할 수 없게 된 것입니다.

하나님은 구약에 이스라엘을 아브라함 안에서 선택하시고, 그들에게 성전과 제사장을 통해 드리는 제사를 허락하셨습니다. 하지만 그

제사는 참 예배의 그림자일 뿐, 진정한 예배는 아니었습니다. 역사 속에 그리스도께서 오시고 그리스도로 말미암아 구원받은 사람들이 영과 진리로 드리는 참 예배, 그 예배를 하나님은 기다리시고 또 기다리셨던 것입니다.

하나님은 그 예배를 위하여 독생자 예수 그리스도를 내주시는 자기희생을 감당하셨습니다. 참 예배는 그리스도의 희생의 결과로 가능하게 되었습니다. 그러므로 하나님은 예배하는 자를 찾으시며, 구원받은 그리스도인들의 예배를 기뻐하시는 것입니다.

(3) 장소의 문제가 아닙니다.

"이 산에서도 말고 예루살렘에서도 말고" 요 4:21

참된 예배는 장소의 문제가 아니라는 의미입니다. 사람들은 장소에 관심을 갖는데, 예수님은 장소의 문제가 아니라고 하십니다. 우리는 예수님의 그 같은 말씀에 귀 기울여야 합니다.

기독교 역사에서 교회가 가장 은혜롭고, 가장 성령으로 충만했고, 가장 순수했던 시기가 1세기부터 4세기 초까지였습니다. 주후 313년 로마의 '콘스탄틴' 로마 황제가 기독교를 승인하는 때까지입니다. 이 기간을 기독교에서는 박해기라고 합니다. 기독교는 무려 300년 가까이 잔혹한 박해기를 거쳤던 것입니다.

가장 엄혹한 시절이었지만 영적으로는 가장 은혜롭고 순수했으며,

가장 성령으로 충만했던 시기였습니다. 이때까지 교회는 예배당이란 것을 가져보지 못하였습니다. 왜냐하면 드러내 놓고 예수를 믿을 수 없는 시기였기 때문입니다. 몰래 숨어서 예배하고, 몰래 믿음을 가지는 때였기 때문입니다. 그래서 어떤 이들은 땅굴을 파고 지하 깊은 곳에서 모여 예배하였고, 혹은 그때그때 산속에서, 혹은 바닷가에서, 혹은 가정에서 사람들의 눈을 피하여 숨어서 예배하였습니다.

큰 소리로 찬송을 부를 수도 없었고, 소리쳐 통성으로 기도할 수도 없었지만 그들의 예배는 언제나 성령으로 충만하였고, 구원과 회개의 역사가 일어났고, 예배를 통해 사람들이 변화를 경험하였던 것입니다. 지금 우리는 장엄하고 화려한 예배당 건축을 꿈꾸기보다 박해기에 있었던 그런 예배 회복을 소망하고 구해야 할 것입니다.

교회가 신앙의 자유를 얻고 예배당을 크게 건축하기 시작하면서 교회는 오히려 타락하기 시작하였습니다. 영적인 참 예배는 장소의 문제가 아니라는 것입니다.

(4) 하나님을 바로 알고 예배하라.

"너희는 알지 못하는 것을 예배하고 우리는 아는 것을 예배하노니"
요 4:22

†**사마리아 사람들의 예배 문제는 예배의 대상을 바로 알지 못한다는 것이었습니다.** 예배의 대상인 여호와 하나님을 바로 알지 못하면, 그 예배는 결국 우상 숭배에 불과합니다. 사마리아 사람들의 예배는 나름

대로 만들어진 그런 것이었습니다.

　오늘날 교회들이 감당하는 예배에서도 이 같은 현상들을 찾아볼 수 있습니다. 예배를 받으시는 하나님에게는 별 관심이 없고 예배하는 사람들에게만 관심이 집중되는 것이 현대 교회에서 예배의 문제입니다. 예배를 받으셔야 할 하나님이 어떤 분이시고, 그 하나님이 무엇을 요구하시는 가에는 주의를 집중하지 않습니다. 우리가 원하는 것이 중요하고, 우리가 즐겁고 행복하면 된다는 식입니다. 이렇게 사람에게만 초점이 맞추어진 인본주의 예배는 하나님과 무관한 것이 되고, 하나님 없는 예배가 될 수 있습니다.

　진정한 예배는 예배를 받으시는 여호와 하나님을 바로 아는 것으로부터 시작됩니다.

† 하나님은 그리스도 안에서만 알 수 있습니다.

　"내 아버지께서 모든 것을 내게 주셨으니 아버지 외에는 아들을 아는 자가 없고 아들과 또 아들의 소원대로 계시를 받는 자 외에는 아버지를 아는 자가 없느니라" 마 11:27

그리스도는 보이지 아니하는 하나님의 형상이십니다.

　"그는 보이지 아니하는 하나님의 형상이시요 모든 피조물보다 먼저 나신 이시니" 골 1:15

　곧 보이지 않는 하나님이 보이는 하나님으로 우리 가운데 오신 분이십니다. 그리하여 그리스도는 우리로 영이신 하나님을 알게 하시는 것입니다. 하나님을 보여 달라는 빌립에게 예수님은 말씀하셨습니다.

"나를 본 자는 아버지를 보았거늘 어찌하여 아버지를 보이라 하느냐, 내가 아버지 안에 거하고 아버지는 내 안에 계신 것을 네가 믿지 아니하느냐 내가 너희에게 이르는 말은 스스로 하는 것이 아니라 아버지께서 내 안에 계셔서 그의 일을 하시는 것이라, 내가 아버지 안에 거하고 아버지께서 내 안에 계심을 믿으라" 요 14:9-11 (☆요 10:30, 37)

예수님은 그의 가르치심과 행하시는 모든 일들을 통해 영이신 하나님을 우리에게 보여주셨던 것입니다.

(5) 예배는 구원과 관계가 있습니다.

"구원이 유대인에게서 남이라" 요 4:22

바른 예배, 참된 예배는 구원과 관계된다는 말씀입니다. 즉 어떤 사람이 참 예배를 할 수 있느냐 하는 것입니다. 그리스도 예수를 믿고 구원받은 사람이 참된 예배를 할 수 있다는 것입니다. 구원받은 자가 아니면, 누구도 하나님을 예배할 수 없습니다. 그런 의미에서 구원받음의 목적은 하나님을 예배하는 것입니다.

모세가 바로에게 이스라엘의 출애굽을 요구할 때에 "우리가 광야로 가서 우리 하나님 여호와께 제사를 드리려 하오니"라고 말하였습니다(출 5:3).

† **우리는 하나님의 은혜로 예수 믿고 구원받은 것입니다.**

하나님이 우리를 구원하신 목적은 "예배하는 자로 삼으심"입니다. 그러므로 성경은 그리스도인들을 가리켜 "왕 같은 제사장"이라 하였습니다(벧전 2:9). 제사장은 하나님 앞에 나아가는 자 즉 예배자를 의미합니다. 그래서 성경은 구약의 이스라엘을 가리켜 "그들은 제사로 나와 언약한 이들"이라 하였습니다(시 50:5).

† **구원받은 자라야 영이신 하나님을 예배할 수 있습니다.**

구원받은 것은 죄 사함을 받고 하나님 앞에 의롭다 하심을 받는 것이며, 영생을 얻음입니다. 영생은 영적으로 새 생명을 얻음입니다. 자연인은 죄와 허물로 죽은 자 즉 영적으로 죽은 자들입니다(엡 2:1). 그러므로 영이신 하나님을 바르게 예배할 수 없습니다. 영적인 생명으로 다시 살아난 이들만이 영이신 하나님을 예배할 수 있기 때문입니다. 예배는 살아계신 하나님을 섬김이며, 그 하나님과의 교통이며 교제입니다. 그러므로 필수적인 게 영적인 사람이라야 합니다.

구원받은 그리스도인은 영적으로 다시 살아난 자들이므로 영이신 하나님과 교통할 수 있고, 하나님을 바르게 예배할 수 있는 것입니다.

(6) 예배하는 자가 영과 진리로 예배하라.

하나님이 찾으시는 참 예배, 하나님이 받으시는 그 예배는 곧 영과 진리로 드리는 예배라고 하였습니다(요 4:24).

[영이란] '성령으로'라는 의미도 되지만, 그보다 먼저 구원받은 영적인 사람을 의미합니다. 영적인 사람이라야 영이신 하나님과 교통할 수 있기 때문입니다.

   "너희 몸을 하나님이 기뻐하시는 거룩한 산 제물로 드리라 이는 너희가 드릴 영적 예배니라" 롬 12:1

   진정한 예배는 구원받은 그리스도인이 성령으로 말미암아 하나님 앞에 나아감입니다. 그러므로 예배에서 성령의 인도하심이 중요합니다. 성령의 인도하심이 없으면, 예배는 그냥 사람들만의 모임이 되고 맙니다.

[진리]는 진리 되신 예수로 말미암아 예배하는 것입니다.

예수님은 말씀하셨습니다.

"내가 곧 길이요 진리요 생명이니 나로 말미암지 않고는 아버지께로 올 자가 없느니라" 요 14:6

그리스도 예수를 믿고 그 십자가 구속을 의지하는 믿음으로 드리는 예배가 되어야 합니다. 그뿐만 아니라 예수님이 우리에게 가르쳐 주신 말씀이 진리입니다. 즉 성경이 진리입니다. 그러므로 예배는 진리의 말씀인 성경의 가르침 안에서 드려지고 감당해야 합니다.

"율법은 모세로 말미암아 주어진 것이요 은혜와 진리는 예수 그리스도로 말미암아 온 것이라" 요 1:17

"그들을 진리로 거룩하게 하옵소서 아버지의 말씀은 진리니이다" 요 17:17

에피소드

목사님과의
잊지 못할 만남

길은순 권사

화평교회 개척 당시 저희 가족은 마장동에 살고 있었습니다. 그때 시절은 다들 가정 형편이 어려워 부업도 하고 있었고, 또한 신앙생활 초기라 교회 일을 열심히 하지 못했었습니다.

그런데 이재옥 목사님을 모시고 교회 개척을 하게 되면서부터 부업 일은 둘째이고, 온통 교회 일에 신경을 쓰게 되는 겁니다. 신앙생활에 새 힘도 생겼고, 매일같이 전도 다니면서 저녁이면 철야기도회로 모이곤 했습니다.

개척 당시의 교회가 있는 왕십리까지, 다시 강동구로 이전하였을 때에도 하루도 빠지지 않고 철야예배를 다니곤 했습니다. 그때는 다들 먹고사느라 바쁘고 어려운 가운데서도 얼마나 기쁘고 재미있게 신앙생활을 했었는지…, 지금 돌이켜 생각해보면 젊고 순수한 신앙심과 뜨거운 열정이 있었기에 가능한 일이었습니다.

교회 창립 예배 때는 감사하게도 저의 첫째와 둘째 딸이 특송을 하였습니다. 두 딸 중 둘째는 지금 진주화평교회 사모입니다. 할렐루야!

*길은순 은퇴 권사는 고 권영옥 장로의 부인이며, 화평교회 개척 멤버이십니다.

SERMON 9

하나님을
예배하라!

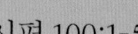

시편 100:1-5

1 온 땅이여 여호와께 즐거운 찬송을 부를지어다

2 기쁨으로 여호와를 섬기며 노래하면서 그의 앞에 나아갈지어다

3 여호와가 우리 하나님이신 줄 너희는 알지어다 그는 우리를 지으신 이요 우리는 그의 것이니 그의 백성이요 그의 기르시는 양이로다

4 감사함으로 그의 문에 들어가며 찬송함으로 그의 궁정에 들어가서 그에게 감사하며 그의 이름을 송축할지어다

5 여호와는 선하시니 그의 인자하심이 영원하고 그의 성실하심이 대대에 이르리로다

* 이사야 42장 8절을 읽어 봅니다.

* 어떻게 하나님 앞에 나아가라고 했습니까?

2절.

4절.

* 하나님은 어떤 분이시라고 했습니까?

3절.

5절.

　　그리스도들인은 하나님께 예배하며, 예배의 즐거움을 누리는 사람들입니다. 그래서 그리스도인들은 그 삶에서 예배에 우선순위를 두게 됩니다. 예배는 우리를 구원하신 하나님의 목적이라는 것과 그 예배가 우리의 삶에 얼마나 복된 것인지를 알게 되면, 예배를 중요하게 여기며 모든 것에 우선하게 됩니다.

　　우리는 예배를 통해 하나님과 교통하고, 그 생명의 풍성함과 영적인 소성을 경험하며, 하나님의 선하신 인도하심을 받게 됩니다.

1
예배는 하나님 앞에 나아감이다

"우리가 마음에 뿌림을 받아 악한 양심으로부터 벗어나고 몸은 맑은 물로 씻음을 받았으니 참 마음과 온전한 믿음으로 하나님께 나아가자" 히 10:22

하나님의 형상을 따라 지음을 받은 인간은 하나님을 떠나서 살 수 없습니다. 그러므로 하나님을 알고 하나님과의 바른 관계 속에서 살아감이 곧 행복입니다.

(1) 죄인의 불행
에덴동산에서 범죄하고 타락한 인간은 에덴동산에서 추방되었고 다시는 하나님 앞에 나아갈 수 없게 되었습니다(창 3:24). 이렇게 하나님과의 관계가 끊어짐이 영적인 죽음입니다. 하나님과의 관계가 끊어지고 더 이상 하나님 앞에 나아갈 수 없음이(예배 중단) 죄인의 불행이고 비참입니다. 하나님의 형상으로 지음을 받은 인간은 하나님과의 관계 속에서 그 생명의 충성함을 누릴 수 있기 때문입니다.

(2) 그리스도로 말미암아서만 하나님 앞에 나아갈 수 있습니다.

"예수께서 이르시되 내가 곧 길이요 진리요 생명이니 나로 말미암지 않고는 아버지께로 올 자가 없느니라" 요 14:6

그리스도 예수님이 십자가에서 피 흘려 죽으시고 부활하심으로 우리 죄를 대속해 주셨고, 그리하여 하나님 앞에 나아가는 길을 열어주셨습니다. 어떤 사람이라도 자기 의를 가지고는 하나님 앞에 나아갈 수 없지만, 그리스도를 의지하면 누구든지 하나님 앞에 나아갈 수 있습니다. 누구든지 그리스도 예수를 믿으면 모든 죄가 사함을 받으며 영생을 얻고, 영이신 하나님 앞에 나아가며 예배할 수 있게 됩니다.

(3) 예배는 그리스도를 의지하는 믿음이 중요합니다.

그러므로 하나님 앞에 나아가는 예배는 오직 그리스도를 의지하는 믿음으로만 가능합니다. 그리스도의 십자가 구속하심과 그의 부활하심을 믿는 믿음이면, 누구든지 하나님 앞에 나아갈 수 있습니다. 그리스도를 믿는 믿음이 아닌 다른 어떤 것으로도 하나님 앞에 나아가며 그분을 예배할 수는 없습니다.

2
여호와 하나님을 예배한다

(1) 여호와만 우리 하나님이십니다.

예배는 누구를 대상으로 하느냐가 중요합니다. 세상의 수많은 종교에는 나름의 예배 대상이 있습니다. 그렇지만 예배를 받으실 수 있는 분은 오직 여호와 하나님 한 분 뿐이십니다. 오직 여호와만 우리 하나님이십니다. 여호와 하나님 외에 다른 무엇도 예배를 받을 수 없습니다(그런 것들은 존재하지 않는 것들이며, 우상일 뿐입니다).

(2) 여호와 하나님만이 예배의 대상이십니다.

하나님만이 만물의 창조자요, 만물을 주장하시는 분이시기 때문입니다. 나아가 여호와 하나님이 우리를 지으셨고, 우리를 죄와 멸망에서 구원해 주셨기 때문입니다.

우리 구원을 위해 독생자 예수를 대속 제물로 내주셨으며, 그리스도 안에서 우리를 소유하셨고, 우리는 그리스도를 믿음으로 구원받았고, 하나님의 백성이요, 그의 양이 되었습니다(시 100:3). 그러므로 여호와 하나님만이 우리 예배를 받으실 수 있습니다. 여호와 하나님 외에 다른 무엇을 예배한다면, 그것은 우상 숭배입니다.

십계명에서 "너는 나 외에는 다른 신들을 네게 두지 말라"는 제 1계명은 오직 여호와 하나님만을 예배하라는 것입니다. 여호와만이 하나님이시기 때문입니다.

3
기쁨으로 예배하라

우리가 하나님을 예배함에 있어 어떤 자세로 예배함이 옳은가를 말씀하심입니다. 같은 예배의 자리에 있다고 하여 다 같은 예배가 되는 것은 아닙니다. 예배하는 각자가 어떤 자세로 예배하는가가 진정한 예배를 결정짓습니다.

시편 122장 1절에, "사람이 내게 말하기를 여호와의 집에 올라가자 할 때에 내가 기뻐하였도다"라고 하였습니다. 우리가 하나님을 예배하되, 마지못해서 억지로 감당하는 예배가 되어서는 안 됩니다. 즐거움으로 기쁨으로 하나님을 예배할 수 있어야 합니다(시 100:2). 그것이 구원받은 성도의 예배이고, 하나님이 기뻐 받으시는 예배입니다.

예배의 순서를 따라 드리는 찬송도, 헌금도 모두 기쁨으로 감당할 수 있어야 합니다. 기쁨으로 감당할 수 없다는 것은 그것이 무거운 짐이 된다는 의미입니다. 그렇게 드리는 예배라면 결코 하나님이 기뻐받으실 수 없습니다.

통일 이스라엘의 왕이 된 다윗은 제일 먼저 하나님의 언약궤를 다윗성으로 옮겨왔습니다. 이때 다윗은 거룩한 에봇을 입고 여호와 앞에서 힘을 다하여 춤을 추었다고 하였습니다(삼하 6:14).

4
감사함으로 예배하라

예배는 하나님 앞에 나를 드리는 것입니다. 나를 드리는 이유는 하나님의 은혜로 내가 구원받았기 때문입니다.

"그러므로 형제들아 내가 하나님의 모든 자비하심으로 너희를 권하노니 너희 몸을 하나님이 기뻐하시는 거룩한 산 제물로 드리라 이는 너희가 드릴 영적 예배니라" 롬 12:1

나를 하나님께 드리는 예배에서 무엇보다 그 은혜를 깨닫고 즐거움과 감사함으로 드리는 것이 되어야 합니다(시 100:4). 그것은 은혜에 대한 감사요, 하나님을 기쁘시게 함입니다. 예배의 모든 내용과 요소가 감사로 드리는 헌신의 고백인 것입니다. 헌금을 드림이 그렇고, 찬송을 드림이 모두 감사함의 고백이며 표현이 되어야 합니다.

†**시편 7:17**, "내가 여호와께 그의 의를 따라 감사함이여 지존하신 여호와의 이름을 찬양하리로다"
†**시편 100:4**, "감사함으로 그의 문에 들어가며 찬송함으로 그의 궁정에 들어가서 그에게 감사하며 그의 이름을 송축할지어다"
†**시편 50:23**, "감사로 제사를 드리는 자가 나를 영화롭게 하나니 그의 행위를 옳게 하는 자에게 내가 하나님의 구원을 보이리라"

예수님이 베다니 마을에 들리셨을 때에 마리아는 값비싼 나드(향유) 한 근을 가져다가 예수님의 발에 붓고 자기 머리털로 그분의 발을 닦아 드렸습니다(요 12:1-3). 온 집안에 향기가 가득하였습니다. 주님에게 대한 진정한 감사함이 마리아로 하여금 자발적으로 그리하도록 하였던 것입니다.

5
찬송으로 예배하라

하나님을 찬송함이 예배입니다. 찬송은 예배의 요소 중 하나이지만, 구원받은 성도들의 찬송이 곧 하나님을 기뻐하는 예배입니다(시 100:1). 그러므로 하나님은 "이스라엘의 찬송 중에 계시는 주여 주는 거룩하시니이다" 하였고(시 22:3), "이 백성은 내가 나를 위하여 지었나니 나를 찬송하게 하려 함이니라" 하였습니다(사 43:21).

(1) 찬송은 하나님을 즐거워함입니다.

"너희 의인들아 여호와를 즐거워하라 찬송은 정직한 자들이 마땅히 할 바로다" 시 33:1

"또 여호와를 기뻐하라 그가 네 마음의 소원을 네게 이루어 주시리로다" 시 37:4

"여호와를 기뻐하라", 우리가 하나님을 기뻐하고 즐거워하는 게 그분을 찬송하는 것입니다. 찬송은 하나님의 자녀들이 아버지 하나님을 즐거워함입니다.

(2) 찬송은 하나님께 감사드림입니다.

찬송은 감사의 노래입니다. 찬송은 하나님의 은혜를 입은 성도들이 그 은혜를 알고 합당하게 감사드림입니다. 그래서 진정한 찬송은 입술의 노래이기 전에 마음의 노래이며, 찬송의 가치는 아름다운 선율보다 은혜를 깨닫고 감사하는 마음에 있습니다. 마음으로부터 감사함을 알지 못한다면, 그 입술로 부르는 찬송은 의미를 잃게 됩니다.

구약시대 성전에서는 하나님께 드려지는 제사가 진행되는 동안, 레위인들 중에 노래하는 찬양대가 있어 하나님을 찬송하였습니다. 유다왕 여호사밧의 때에 모압과 암몬 사람들이 연합하여 유다를 침략하였습니다. 그때 여호사밧왕이 하나님께 기도하고 찬양대를 조직하여 그들에게 거룩한 예복을 입혔습니다. 하나님을 찬송하는 찬양대가 군대를 앞서 나아가며 찬송 소리가 울려 퍼질 때에, 여호와께서 복병을 두어 모압과 암몬의 군대를 치게 하심으로 유다는 전투를 벌이지 않고 크게 승리할 수 있었습니다(대하 20:13-22).

여호와 하나님을 예배하는 것입니다. 그리스도 예수 안에서 계시된 하나님을 바로 알고 감사와 기쁨으로 합당하게 하나님을 예배하여야 합니다. 하나님은 예배하는 자들을 기뻐하십니다.

영적으로 성숙한 그리스도인들은 하나님 앞에서 그분과 더불어 갖는 영적 교통의 자리인 예배를 사모합니다.

SERMON 10

예배하는 사람들

요한복음 4:20-25

20 우리 조상들은 이 산에서 예배하였는데 당신들의 말은 예배할 곳이 예루살렘에 있다 하더이다
21 예수께서 이르시되 여자여 내 말을 믿으라 이 산에서도 말고 예루살렘에서도 말고 너희가 아버지께 예배할 때가 이르리라
22 너희는 알지 못하는 것을 예배하고 우리는 아는 것을 예배하노니 이는 구원이 유대인에게서 남이라
23 아버지께 참되게 예배하는 자들은 영과 진리로 예배할 때가 오나니 곧 이 때라 아버지께서는 자기에게 이렇게 예배하는 자들을 찾으시느니라
24 하나님은 영이시니 예배하는 자가 영과 진리로 예배할지니라
25 여자가 이르되 메시야 곧 그리스도라 하는 이가 오실 줄을 내가 아노니 그가 오시면 모든 것을 우리에게 알려 주시리이다"

* 22절의 뜻은 무엇입니까?

....

* 참되게 예배하는 것은 어떤 것이라 했습니까?

....

* 여자는 예배에 대해서는 누가 정답이라고 했습니까?

....

　사마리아인들이 예배하던 산은 '그리심산'으로 알려져 있습니다(삿 9:7). 사마리아는 북이스라엘의 수도였습니다. 북이스라엘은 앗수르제국의 침략으로 무너졌고, 앗수르제국이 사마리아에 앗수르인들을 이주시켜 그곳에 정착하여 살게 하면서 '사마리아인'이라는 혼혈족이 만들어졌습니다. 그래서 유대인들은 사마리아인들과 상종하지 않았던 것입니다. 사마리아인들은 예루살렘에 예배하러 올 수 없어 그들의 지역에 산당을 만들고 그들 식으로 예배하였던 것입니다.

　그리스도인들은 하나님을 예배하는 행복을 아는 사람들입니다. 성령으로 충만하고 은혜가 깊을수록 예배의 맛을 알고, 예배를 기뻐하게 됩니다. 예배가 부담스럽다면 아직 신앙이 어리거나, 아니면 심령이 그만큼 메말랐기 때문일 것입니다.

그리스도인들은 항상 바른 예배를 드리려고 노력해야 하고, 그 삶에서 바른 예배를 회복해야 합니다. 그것이 그리스도의 생명으로 풍성함에 이르는 길입니다.

1
예배를 위한 창조

여호와 하나님이 사람을 창조하셨습니다. 하나님은 사람을 지으시되, 하나님의 형상을 따라 지으셨다고 하셨습니다. 사람이 하나님의 형상을 가졌다는 것은 무엇이겠습니까?

(1) 인간은 하나님처럼 영적이고 인격적인 존재라는 뜻입니다.

하나님은 만물 중에서 오직 사람만을 하나님의 형상을 따라 지으셨습니다. 무엇 때문일까요? 하나님은 그 형상을 가진 사람들과 만나며 교제하기를 원하셨던 것입니다. 사실 영적인 동질성을 가진 관계가 아니면, 영이신 하나님과 정상적인 교제와 교통은 이루어지지 않습니다. 그러므로 영적이고 인격적인 존재인 사람만이 영이신 하나님을 예배할 수 있는 것입니다.

하나님이 사람을 자신의 형상을 따라 지으신 것은, 영이신 하나님을 예배하는 목적으로 지으셨음을 알게 합니다. 에덴동산에서 아담과 하와는 언제든지 하나님과 교제하며 교통하는 예배자였던 것입니다.

(2) 인간의 타락은 하나님과의 관계의 단절로 이어졌습니다.

하나님은 범죄하고 타락한 아담과 하와를 에덴동산에서 추방하였습니다. 그것은 곧 하나님과의 단절이며, 영적인 죽음을 의미합니다. 더 이상 하나님 앞에 설 수 없으며, 하나님과의 어떤 교제도 교통도 이루어질 수 없게 된 것입니다. 영이신 하나님을 예배하는 지위를 잃게 된 것입니다. 참고로 죄는 언제나 하나님과의 관계를 훼방합니다.

그래서 그리스도인들은 죄에 대한 경각심을 가져야 하고, 죄와 싸워야 합니다. 연약함으로 인해 죄에 넘어졌으면 빨리 회개하고 돌이켜야 합니다.

"여호와의 손이 짧아 구원하지 못하심도 아니요 귀가 둔하여 듣지 못하심도 아니라, 오직 너희 죄악이 너희와 너희 하나님 사이를 갈라 놓았고 너희 죄가 그의 얼굴을 가리어서 너희에게서 듣지 않으시게 함이니라" 사 59:1-2

2
예배를 위한 이스라엘 조성

타락함으로 하나님으로부터 분리된 인간을 하나님은 사랑하셨습니다. 그래서 구원의 길을 여실 때에, 하나님은 먼저 아브라함을 선택하시고 그 후손들을 통해 이 땅에 하나님을 아는 백성, 하나님을 예배하는 백성을 조성하셨습니다.

"야곱아 너를 창조하신 여호와께서 지금 말씀하시느니라 이스라엘아 너를 지으신 이가 말씀하시느니라 너는 두려워하지 말라 내가 너를 구속하였고 내가 너를 지명하여 불렀나니 너는 내 것이라" 사 43:1

하나님은 아브라함에게서 이삭을 나게 하셨고, 이삭에게서 야곱이 태어나고, 야곱에게서 이스라엘의 열두 아들이 태어남으로, 그들이 이스라엘의 열두 지파의 조상이 된 것입니다. 그리고 그들을 애굽으로 이주하게 하신 후, 430년을 지나는 동안에 200만 명에 달하는 큰 민족으로 조성하셨던 것입니다. 그야말로 이스라엘은 순전히 하나님이 조성하신 백성들이었습니다.

하나님은 이스라엘 백성들로 예배자를 삼으셨습니다. 여호와 하나님은 아브라함과 그 후손들에게 자신을 드러내시고 알게 하셨으며, 그 백성들로 여호와 하나님을 예배하게 하셨습니다. 시편 50장 5절에, "이르시되 나의 성도들을 내 앞에 모으라 그들은 제사로 나와 언약한 이들이니라 하시도다" 하였습니다. 구약 이스라엘은 하나님을 예배하는 자들로 구별하셨음을 알게 하는 말씀입니다.

물론 그들은 성전과 제사장들 그리고 제물을 통해 간접적으로 하나님 앞에 나아가며 간접적으로 예배하였습니다. 그 같은 이스라엘의 예배는 장차 그리스도께서 세상에 오심으로 하나님 앞에 드리게 될 영과 진리의 진정한 예배의 그림자였던 것입니다.

3
예배를 위한 구원(재창조)

첫 사람 아담은 범죄하고 타락함으로 예배자의 지위를 상실하였지만, 둘째 아담이신 그리스도 예수를 통해 영과 진리로 하나님을 예배하는 거룩한 백성을 조성하신 것입니다. 그것은 하나님의 사랑의 결과이며, 순전히 그분의 은혜였습니다.

"그는 허물과 죄로 죽었던 너희를 살리셨도다" 엡 2:1

아담의 죄 아래에서 영적으로 죽었던 우리를 하나님은 그리스도 예수로 말미암아 구원해 주셨습니다. 그리스도 예수를 믿음으로 얻은 우리의 구원은 거듭남이며, 영적인 재창조인 것입니다.

영적인 회복이 즉 새 생명의 사람이 됨으로 구원받은 그리스도인들은 영이신 하나님 앞에 나아가며, 영과 진리로 하나님을 예배할 수 있게 된 것입니다.

그리스도 예수를 우리 구원을 위해 내주신 하나님은 "영과 진리로 예배하는 참 예배자를 찾으시느니라" 하였습니다(요 4:23).

하나님은 그 예배를 받으시기까지 참으로 엄청난 희생을 감수하셨으며, 오랜 시간 동안 기다리셨던 것입니다.

4
구약의 예배와
신약의 예배

아브라함의 자손들을 하나님의 이름으로 구별하시고, 하나님은 그들을 거룩한 예배자로 삼으셨습니다. 하나님은 그 백성들에게 적극적으로 자신을 계시하셨으며, 그들에게 성막과 제사장과 제사를 통한 예배의 길을 열어주셨습니다. 그러므로 구약시대 이스라엘이 하나님을 예배한 것은 "개혁할 때까지" 허용된 한시적인 조치였던 것입니다(히 9:9-10, 10:1). 구약의 예배는 영과 진리로 드리는 참 예배가 드려지기까지 임시조치였다는 말씀입니다.

하나님은 "영과 진리로 드리는 참 예배"를 받으십니다(요 4:23-24). 이는 그리스도 예수로 말미암아 드리는 예배를 의미합니다.

"예수께서 이르시되 내가 곧 길이요 진리요 생명이니 나로 말미암지 않고는 아버지께로 올 자가 없느니라" 요 14:6

예수님은 십자가에 죽으심으로 구약의 제사를 완성하시고 폐하셨던 것입니다. 그래서 예수 이후로는 다시 성전이 있지 않았고, 제사장도 제사도 폐지된 것입니다. 오직 모든 예배자는 그리스도 예수를 믿는 믿음 안에서 영과 진리로 예배하는 것입니다.

영과 진리로 드리는 참 예배에는 특별한 성전이 따로 있지 않고, 그리스도인의 모임이 곧 성전입니다(마 18:20). 제사장도 따로 있지 않으니, 예수를 믿는 모든 그리스도인이 다 제사장인 것입니다. 그리스도인이면 누구든지 하나님 앞에 나아갈 수 있습니다.

그리스도 예수님이 십자가에서 우리를 위해 영원한 제사를 드리셨으니 더 이상 죄로 인하여 드릴 제사는 없습니다(히 10:18). 구원받은 그리스도인들이 그 몸과 마음으로 하나님을 예배하되, 찬양과 감사로 예배하는 것입니다.

5
예배자를 찾으신다

"아버지께 참되게 예배하는 자들은 영과 진리로 예배할 때가 오나니 곧 이 때라 아버지께서는 자기에게 이렇게 예배하는 자들을 찾으시느니라" 요 4:23

하나님이 예배자를 찾으신다는 것은 그만큼 성도들이 드리는 예배를 기뻐하신다는 것입니다. 그래서 예배하는 거룩한 모임 중에 함께하십니다(마 18:20). 그러므로 그리스도인들의 삶에서 예배는 최우선 순위가 되어야 합니다.

(1) 하나님을 예배하되 오직 그리스도 예수를 믿는 믿음으로 예배합니다. 그리스도를 믿는 믿음이 아니면 누구도 하나님 앞에 나아갈 수 없기 때문입니다.

(2) 그리고 성령 안에서 예배할 수 있어야 합니다. 거룩한 모임은 성령이 임재하시고 주장하시는 모임이 되어야 합니다. 예배의 예배됨

은 화려한 의식이나 분위기가 아닙니다. 성령께서 임재하시고 함께 하심으로 예배는 예배 되는 것입니다.

(3) 은혜를 깨닫고 감사함으로 드리는 예배가 되어야 합니다. 우리를 구원해 주신 은혜가 기본이라면, 그 같은 기본 위에서 매일의 삶 속에 주어지는 하나님의 모든 은혜를 깨닫고 감사하는 예배가 되어야 합니다. 감사함이 있는 만큼 즐겁게, 자원하는 예배가 가능하게 됩니다. 성전제사에서 향을 사용하였던 것처럼, 예배에서의 향기는 곧 그리스도인의 감사일 것입니다.

(4) 예배하는 성도들은 온 마음으로 예배드려야 합니다. 몸만 예배당에 있고 마음은 다른 곳에 있다면, 온전한 예배가 될 수 없습니다.

"하나님을 가까이하라 그리하면 너희를 가까이하시리라" 약 4:8

예배는 곧 하나님을 가까이함입니다. 그래서 더없이 복된 것입니다. 이처럼 복된 예배를 주신 하나님 앞에 감사하며, 온 마음을 다해 예배함으로 하나님의 기쁨이 되고 복된 그리스도인이 됩시다!

하나님은 그리스도 안에서 받으실 참 예배를 기다리시며 아주 오랫동안 그리스도 예수를 통한 구원을 준비하셨던 것입니다. 하나님이 독생자 예수를 내어 주시는 엄청난 희생을 감수하신 것은 우리의 구원을 위한 것이며, 나아가 영과 진리로 드리는 참된 예배를 받으시고자 하심이었습니다.

그러므로 구원받은 그리스도인들은
하나님을 예배하는 것을 즐거워하며 온 마음을
다하여 예배해야 합니다.

에세이

내가 만난 목사님

안진회 장로

우리 교회 성도들은
설교학 교수를 지내신
목사님 덕분에
설교 듣는 수준이나
신앙 수준이 높습니다.
그 설교 한 편에
예수그리스도의 복음이
없으면, 단연코 설교가
아니라고 목사님은
말씀하십니다.

1982년 다니던 직장에서 고덕지구 개발업무를 맡게 되어 천호동에서 하숙하면서 출석할 인근 교회를 찾던 중, 83년 초 지금의 우성아파트 부근에서 '심령부흥성회' 현수막을 보고 암사동 목욕탕 2층에 자리 잡은 화평교회에 나가게 되었습니다. 처음 뵌 젊은 목사님의 가슴 깊은 울림이 있는 설교 말씀에 이끌려 자연스럽게 등록한 것입니다.

선포하시는 목사님의 말씀에는 이상스러울 만큼 은혜의 감동이 있어, 그 말씀의 힘이 저를 세상으로 나가지 못하게 하였습니다. 말씀의 은혜를 받으면서 교회생활이 너무나 즐거웠습니다. 그러면서 점점 믿음이 더하여졌고 사람 되어가는 과정을 통해 지금의 저를 만들었다고 생각합니다.

그 시절의 예배당 환경은 참으로 열악했습니다. 50평도 안 되는 공간에 성도들이라고 해봐야 50여 명 남짓했습니다. 목사님 사택은 그 건물 지하에 출입문도 없이 합판으로 가림막을 하고 네 식구가 기거하셨고, 그 나머지 7~8평 되는 공간에서 빙 둘러앉아 새벽기도회를 이끌고 계셨던 목사님의 모습이 아직도 눈에 선합니다.

그때 새벽기도회에서 대표기도 하시던 분의 기도내용 첫 구절, "주의 궁정에서 한 날이 다른 곳에서의 천 날보다 나은즉"(시 84:10)이 떠오릅니다. 세상적으로는 너무나 보잘 것없는 환경이었지만, 새벽마다 하나님께 기도했던 그 처소가 바로 주의 궁정이었습니다. 그리고 뜨거운 열정으로 목회 사역에 헌신하는 목사님의 모습에, '나 같은 사람은 죽어도 감당하지 못할 것'이라고 생각했습니다. 모두들 힘든 시절이었으니 많은 성도들이 목사님께 기도부탁 드리는 것을 보면서, "우리라도 목사님 힘들지 않게 기도부탁 드리지 맙시다"라고 아내와 말하기도 했습니다. 아무튼 그 어려움 속에서도 목사님의 수고와 헌신으로 우리 화평교회가 이만큼 성장해 왔습니다.

우리 교회 성도들은 설교학 교수를 지내신 목사님 덕분에 설교 듣는 수준이나 신앙 수준이 많이 높습니다. 그 설교 한 편에 윤리 도덕적 가르침이 아닌 예수 그리스도의 복음이 없으면, 단연코 설교가 아니라고 목사님은 말씀하십니다. 또한 '화평한 교회'를 이루기 위해 모든 일에 인내하고 양보하며, 삶에서 본을 보이시는 목사님을 보면서 우리 성도들은 행복한 교회생활이었음을 고백합니다.

안진회 장로 가족

목사님 처음 만난 그때 제 나이 32살이었는데, 화평교회에 와서 결혼하고 아들딸 낳아 기르면서 손자들까지 보았으니 제 신앙인생 전반은 이재옥 목사님과 함께 해 왔습니다.

그 동안 정말 수고하신 목사님! 지병인 천식으로 기침하시면서도 기도회를 뜨겁게 인도하시며 말씀 선포하시는 모습은, 성령님이 함께하시지 않으면 결코 감당할 수 없는 일이었습니다. 목사님의 그 수고에 이 땅에서의 상급뿐 아니라 하늘의 크신 상급이 예비 되었음을 우리들은 확신합니다.

이제 때가 되어 죽을 만큼 힘드셨던 43년간의 목회 사역을 은퇴하신다니, 성도들 입장에서는 너무나 아쉬울 뿐입니다. 이제 후임 목사님께 모든 것 맡기시고 어깨의 무거운 짐 내려놓으시기 바랍니다. 목사님이 평생에 꿈꾸셨던 화평교회를 후임 목사님과 성도들이 더 열심으로 가꾸어 갈 것입니다. 목사님 은퇴하신 후에도 우리들 옆에서 늘 기도해 주시고 지켜봐 주시면, 그 자체만으로도 우리 성도들에게는 큰 힘이 될 것입니다. 목사님, 고맙습니다!

SERMON 11

하나님이 받으시는 예배

출애굽기 20:1-8

1 하나님이 이 모든 말씀으로 말씀하여 이르시되

2 나는 너를 애굽 땅, 종 되었던 집에서 인도하여 낸 네 하나님 여호와니라

3 너는 나 외에는 다른 신들을 네게 두지 말라

4 너를 위하여 새긴 우상을 만들지 말고 …

6 나를 사랑하고 내 계명을 지키는 자에게는 천 대까지 은혜를 베푸느니라

7 너는 네 하나님 여호와의 이름을 망령되게 부르지 말라 여호와는 그의 이름을 망령되게 부르는 자를 죄 없다 하지 아니하리라

8 안식일을 기억하여 거룩하게 지키라

* 하나님은 어떤 분이시라고 했습니까?

* 십계명의 특징은 구원받은 하나님의 사람들에게 주신 것입니다. 계명을 지켜 살아감으로 하나님의 성도됨을 나타내야 합니다.

* 우상은 어떤 것이라 했습니까? (시편 135:15)

* 나를 사랑하고 내 계명을 지키는 자에게는"에서 당신은 무엇을 깨닫습니까?

그리스도인은 예배하는 자로 부르심 받은 것입니다. 교회는 하나님을 예배하는 공동체입니다. 그러므로 교회는 예배가 쉬지 않아야 하고, 그리스도인은 그 삶에서 예배를 항상 우선해야 합니다.

그리스도인의 본분은 하나님이 모세를 통하여 주신 십계명입니다. 십계명의 1-4계명은 하나님을 예배하라는 것이고, 5-10계명은 하나님을 예배하는 성도들의 삶을 교훈함입니다.

1
오직 하나님만 예배하라

제1계명은 "너는 나 외에는 다른 신들을 네게 두지 말라" 하심입니다. 오직 여호와 하나님만이 예배의 대상이며, 예배를 받으실 분이심을 말씀하심입니다. '다른 신들을'이란 말씀은 세상에는 사람들로부터 신이라는 이름으로 숭배를 받는 대상들이 많음을 의미합니다. 인간의 종족만큼이나 다양한 종교가 있고, 종교마다 섬기는 신적 대상들이 있습니다.

그런데 왜 여호와 하나님만 예배해야 합니까? 세상에 존재하는 종교들이 섬기는 신적 대상은 참 하나님이 아니기 때문입니다. 그런 것들은 인간의 창작물이며, 인간에 의해 존재하고, 만들어진 우상들일 뿐입니다. 그것들은 실재하지 않는 허상일 뿐입니다.

오직 여호와는 우주 만물을 창조하셨고, 살아계셔서 지으신 만물을 주장하시는 분이십니다. 물론 사람도 하나님의 피조물이며, 인간의 생사회복도 하나님이 주장하시기 때문입니다. 그래서 우리 인간이 섬기며 예배할 대상은 오직 여호와 하나님 한 분 뿐이십니다.

오직 살아계신 하나님은 예배 중에 임재하시고, 그 예배를 받으시며, 우리는 그리스도 안에서 하나님 앞에 나아감으로 임재하신 하나님을 만나게 됩니다.

2
영과 진리로 예배하라

"하나님은 영이시니 예배하는 자가 영과 진리로 예배할지니라"
요 4:24

(1) 하나님은 영이십니다.

예배하는 이들은 무엇보다 예배를 받으시는 하나님을 바로 알고 예배해야 합니다. 사마리아인들은 예루살렘이 아닌 사마리아에서 예배하였습니다. 그들은 그렇게 하는 게 맞다고 생각하였습니다. 그런데 예수님은 수가성 여인에게, "너희는 알지 못하는 것을 예배하고 우리는 아는 것을 예배하노니"라고 말씀하셨습니다(요 4:22).

사마리아인들은 예배하는 대상을 바로 알지 못하고 자기 나름대로 예배하는 것이라고 하였습니다.

오늘날 하나님을 예배하는 그리스도인들 중에서도 하나님을 바로 알지 못하고 예배하는 이들이 있습니다. 그들의 예배는 하나님을 중심하는 게 아니라 자기들을 중심으로 합니다. 내가 즐거워야 하고, 내가 원하는 말씀을 듣고자 하며, 내가 즐기는 찬송을 부릅니다. 찬양의 방식도 하나님이 아닌 내가 즐거워하는 것을 원합니다. 그래서 이 시대의 예배는 점점 사람 중심으로 바뀌어가고 있습니다.

(2) 새긴 우상을 만들지 말라.

제2계명은 "너를 위하여 새긴 우상을 만들지 말고… 거기에 절하여 섬기지 말라" 하심입니다. 하나님을 합당하게 예배하라는 말씀입니다. 하나님은 사람이 어떤 모양이나 형상으로 표현할 수 있는 분이 아니십니다. 여호와 하나님은 영이시기 때문입니다.

영이신 하나님은 피조물 같은 어떤 형체를 갖지 않으십니다. 타락한 인간의 속성 중에는 보이지 않는 것보다 무엇인가 보이는 것을 만들고, 그것을 섬기려는 경향이 강합니다. 그래서 온갖 우상을 만들고 자기가 창작하고 자기 손으로 만들어 세운 우상들을 신으로 숭배합니다. 출애굽 한 이스라엘 백성들은 애굽에서 몇 대에 걸쳐 살아오면서 애굽에 만연했던 각종 우상문화에 깊이 길들고 의식화되어 있었습니다. 그들은 출애굽 후에도 자기들의 손으로 송아지 우상을 만들고 그것이 자기들을 인도하여 낸 여호와 하나님이라고 칭하며, 그 앞에 절하고 예배하였던 것입니다.

우리 예배를 받으시는 여호와 하나님은 결코 그렇게 우상으로 만들어지거나 표현될 수 없는 분이십니다. 그러므로 하나님을 우상처럼 섬겨서는 안 된다고 가르친 것입니다. 그리스도를 믿기 이전에 길들고 습관되었던 우상문화가 있다면 단호하게 끊어버려야 합니다.

3
그리스도로 말미암아 예배하라

영이신 하나님은 영과 진리의 예배를 받으십니다(요 4:23-24). 영과 진리의 예배는 그리스도 예수로 말미암아서만 가능합니다. 예수님은 말씀하셨습니다.

"예수께서 이르시되 내가 곧 길이요 진리요 생명이니 나로 말미암지 않고는 아버지께로 올 자가 없느니라" 요 14:6

예수님은 하나님 아버지에게로 나아가는 유일한 길이십니다. 그는 말씀이 육신이 되어 우리 중에 오신 분이시고, 십자가에 달려 피 흘려 죽임당하심으로 우리 죄를 속량하시고, 우리와 하나님 사이를 화목하게 하셨습니다.

"또 십자가로 이 둘을 한 몸으로 하나님과 화목하게 하려 하심이라 원수 된 것을 십자가로 소멸하시고" 엡 2:16

"그의 십자가의 피로 화평을 이루사 만물 곧 땅에 있는 것들이나 하

늘에 있는 것들이 그로 말미암아 자기와 화목하게 되기를 기뻐하심 이라" 골 1:20

구약시대의 성전 제사는 장차 예수 그리스도께서 드리실 십자가의 영원한 제사의 그림자였던 것입니다(히 9:9, 11, 12). 예수님은 십자가에 달려 영원한 속죄의 제사를 드리심으로, 우리로 하여금 그를 힘입어 하나님 앞에 나아가는 **'영과 진리의 예배'**를 열어주신 것입니다.

영과 진리의 예배는 그리스도를 믿음으로 구원받은 그리스도인이 드리는 예배입니다. 구원받은 자가 아니면 영과 진리로 예배할 수 없다는 의미입니다. 이 세상에 태어나는 모든 자연인은 영적으로 죽었습니다(엡 2:1). 그래서 영이신 하나님을 알지 못합니다.

그런 자연인이 예수를 믿으면 영생을 얻습니다(요 3:16). 여기서 '영생'은 자연인의 생명이 오래 지속됨을 의미하지 않습니다.

그것은 주님의 참 생명에 연결됨이고, 그것은 영적으로 죽었던 것에서 다시 살아나는 영적 부활입니다. 그러므로 구원받은 그리스도인은 영적인 사람입니다. 그래서 영으로 영이신 하나님 앞에 나아가는 예배가 가능한 것입니다.

진리의 예배는 '진리'이신 그리스도 예수로 말미암아 하나님 앞에 나아가는 예배를 말합니다. 예수님은 자신을 가리켜, "…내가 곧 길이요 진리요 생명이니 나로 말미암지 않고는 아버지께로 올 자가 없느니라"라고 하셨습니다(요 14:6). 예수 그리스도를 믿는 믿음으로만 하나님을 예배할 수 있음입니다. 그것은 예수 그리스도의 십자가 대속하심과 그의 부활과 승천하심 그리고 역사 속에 다시 오심을 믿는 믿음을 의미합니다.

어떤 사람이라도 자기 의나 자기 공로를 가지고 하나님 앞에 나아갈 수는 없습니다. 하지만 그리스도 예수를 믿는 믿음 안에서는 누구든지 다 하나님 앞에 나아갈 수 있음입니다.

4
전심으로(진정) 예배하라

제3계명은 "여호와 하나님의 이름을 망령되이 일컫지 말라"는 것입니다. 제3계명이 의미하는 것은 하나님을 예배하는 자들이 진정으로 예배하지 않으면 안 된다는 말씀입니다. 하나님을 예배하되 마음을 다하는 예배가 되어야 합니다. 예배의 모든 순서와 내용에서 마음이 담겨지지 않은 형식적인 예배를 한다면, 그것이 하나님의 이름을 망령되이 일컬음입니다.

진정한 예배는 무엇보다 여호와 하나님을 경외하는 마음으로 예배하는 것입니다. 하나님을 경외함이란 곧 하나님을 의식하는 것입니다. 살아계신 하나님은 어디에나 계시며, 우리의 앉고 일어섬을 보시고 아시는 분이십니다. 우리 마음과 생각을 감찰하십니다. 내가 지금 그 같은 하나님 앞에 있다는 것을 의식하는 것이 '경외심'입니다. 예배의 자리에서 사람들만 의식하고 하나님을 의식하지 못한다면, 그런 예배는 형식적인 예배이며, 진정한 예배가 될 수 없습니다.

5
주일에 예배하라

제4계명은 "안식일을 기억하여 거룩하게 지키라" 하심입니다. 안식일은 하나님이 거룩하게 구별하신 날입니다. 안식일은 하나님이 복 주신 날입니다. 그래서 안식일을 거룩하게 지키라고 하셨습니다.

(1) 예배를 위한 구별. 안식일 계명은 곧 하나님을 예배하는 날로 지정하신 것입니다.

하나님의 사람들은 모든 날들 속에서 하나님을 경외하지만, 특별히 안식일을 구별하여 하나님을 예배하는 날로 삼으신 것입니다. 엿새 동안은 열심히 일하되, 이레 되는 날은 안식일로 모든 일을 멈추고 오직 전심으로 하나님을 예배하는 날입니다.

안식일은 우리의 마음이 하나님께 집중하는 날입니다. 엿새 동안은 자기 일을 열심히 하면서 하나님을 잊고 지낼 수도 있었지만, 안식일이 있음으로 다시 마음을 하나님에게로 집중하고 하나님 중심의 삶으로 회복하게 되는 것입니다.

(2) 성취된 안식일

구약의 안식일은 다른 율법들과 같이 그리스도 안에서 성취되고 완성될 그리스도의 구원에 초점을 맞춘 그리스도의 그림자였습니다.

"그러므로 먹고 마시는 것과 절기나 초하루나 안식일을 이유로 누구든지 너희를 비판하지 못하게 하라, 이것들은 장래 일의 그림자이나 몸은 그리스도의 것이니라" 골 2:16-17

예수님은 안식일과 관련한 교훈에서, "인자는 안식일의 주인이니라 하시니라" 하셨습니다(마 12:8).

예수님이 세상에 오신 것은 우리를 구원하시고 영원한 안식을 주시려는 것이었습니다.

"수고하고 무거운 짐 진 자들아 다 내게로 오라 내가 너희를 쉬게 하리라" 마 11:28

예수님이 십자가에 달려 피 흘려 죽으심으로 우리 죄를 대속하시고 영원한 생명을 공급하셨습니다. 예수님의 십자가에서 하늘 문이 열리고 영원한 하늘 안식이 우리에게 주어진 것입니다.

십계명은 하나님을 예배하라는 계명입니다.
우리는 예배를 통해 하나님 앞에 서게 됩니다.
그러므로 예배는 하나님과 함께하는 행복입니다.
구원받은 그리스도인들은 그 삶에서
우선순위를 항상 예배에 두어야 합니다.

SERMON 12

하나님을
예배하는 행복

히브리서 4:14-16

14 그러므로 우리에게 큰 대제사장이 계시니 승천하신 이 곧 하나님의 아들 예수시라 우리가 믿는 도리를 굳게 잡을지어다

15 우리에게 있는 대제사장은 우리의 연약함을 동정하지 못하실 이가 아니요 모든 일에 우리와 똑같이 시험을 받으신 이로되 죄는 없으시니라

16 그러므로 우리는 긍휼하심을 받고 때를 따라 돕는 은혜를 얻기 위하여 은혜의 보좌 앞에 담대히 나아갈 것이니라

* 우리에게 있는 대제사장은 누구를 가리키는 것입니까?

* 대제사장의 특징은 무엇입니까?

* 대제사장을 힘입어 우리는 무엇을 할 수 있습니까?

* "우리가 믿는 도리를 굳게 잡으라" 여기서 우리가 믿는 도리는 무엇입니까?

예배는 우리를 그리스도 안에서 구원해 주신 하나님의 목적입니다. 하나님이 나를 무엇 때문에 택하시고 부르셔서 구원의 은혜를 주신 것입니까? 그것은 오직 하나님의 기쁘신 뜻대로 된 일이라고 고백할 뿐입니다. 그렇지만 우리를 구원하신 하나님의 목적은 분명합니다. 우리를 거룩한 예배자로 삼으심입니다.

† **시편 50:5**, "이르시되 나의 성도들을 내 앞에 모으라 그들은 제사로 나와 언약한 이들이니라 하시도다"

† **이사야 43:7**, "내 이름으로 불려지는 모든 자 곧 내가 내 영광을 위하여 창조한 자를 오게 하라 그를 내가 지었고 그를 내가 만들었느니라"

그러므로 그리스도인의 삶에서 예배는 항상 삶의 우선순위에 두어야 합니다. 그리스도인들은 예배생활에 힘써야 하고, 예배에 최선을 다해야 합니다.

》 예배 중에 임재하시는 하나님

"두세 사람이 내 이름으로 모인 곳에는 나도 그들 중에 있느니라" 마 18:20

예수 이름으로 모인 곳이 교회이고, 교회의 최소 단위는 두세 사람입니다. 그리고 예수 이름으로 모이는 교회는 예배하는 모임입니다.

1
예배자를 찾으신다

"아버지께 참되게 예배하는 자들은 영과 진리로 예배할 때가 오나니 곧 이 때라 아버지께서는 자기에게 이렇게 예배하는 자들을 찾으시느니라" 요 4:23

영과 진리로 예배하는 자들을 찾으신다 하심은 그만큼 예배가 하나님의 기쁨 되심을 의미합니다. 하나님은 그 예배를 위해 독생자 예수 그리스도를 십자가에 내어주셨고, 아브라함 이후로 율법을 따라 드리는 제사 곧 그림자 같은 예배를 받으셔야 했던 것입니다.

2
예배는 하나님께 나아감이다

"그러므로 형제들아 우리가 예수의 피를 힘입어 성소에 들어갈 담력을 얻었나니, 우리가 마음에 뿌림을 받아 악한 양심으로부터 벗어나고 몸은 맑은 물로 씻음을 받았으니 참 마음과 온전한 믿음으로 하나님께 나아가자" 히 10:19, 22

죄인은 하나님 앞에 설 수 없습니다. 죄인이 하나님의 영광을 보게 되면 죽음입니다(민 4:15, 20; 삿 13:22). 그래서 성막을 옮길 때에도 모세와 아론이 성막 안의 언약궤를 덮개로 덮은 다음에 레위인들이 채를 꿰어 어깨에 멜 수 있었고, 어떤 경우에도 언약궤를 손으로 만져서는 안 되었습니다.

그러나 그리스도께서 십자가에서 우리 죄를 대속해 주셨습니다.

이제 그를 믿음으로 구원받은 그리스도인들은 누구든지 그리스도를 힘입어 은혜의 보좌 앞에 담대히 나아갈 수 있게 되었습니다.

"그러므로 우리는 긍휼하심을 받고 때를 따라 돕는 은혜를 얻기 위하여 은혜의 보좌 앞에 담대히 나아갈 것이니라" 히 4:16

영과 진리의 예배는 그리스도를 힘입어 은혜의 보좌 앞에 나아감입니다. 하나님은 그 긍휼하심으로 우리를 용납하시며, 그리스도 예수 안에서 우리를 만나주시는 것입니다.

에덴동산에서 아담과 하와는 시시때때로 하나님 앞에 나아갈 수 있었습니다. 타락한 이후에 하나님은 아브라함을 찾아오심으로 아브라함이 하나님 앞에 설 수 있었고, 출애굽 후에는 하나님이 시내산 위에 강림하시고 모세를 빽빽한 구름 속으로 부르셨습니다. 모세는 그곳에서 40일 동안 하나님 앞에 머물렀습니다.

오늘 그리스도로 말미암아 하나님을 예배하는 것도
마찬가지로 여호와 하나님 앞에 서는 것입니다.
그리스도 예수를 힘입지 않고는 결코
그 앞에 설 수 없습니다.

3
왕 같은 제사장

"그러나 너희는 택하신 족속이요 왕 같은 제사장들이요 거룩한 나라요 그의 소유가 된 백성이니 이는 너희를 어두운 데서 불러 내어 그의 기이한 빛에 들어가게 하신 이의 아름다운 덕을 선포하게 하려 하심이라" 벧전 2:9

그리스도 예수를 믿는 모든 그리스도인들은 모두 왕 같은 제사장들입니다. 구약시대 제사장의 역할이 하나님 앞에 나아가며 예배하는 자였듯이, 그리스도인들 또한 제사장으로서 하나님 앞에 나아가는 예배하는 자라는 의미입니다.

예배를 위해 구별된 제사장처럼 그리스도인들은 누구든지 다 예배하는 제사장인 것입니다.

> 하나님 앞에 나아감이 복이다

1
에덴동산의 행복

범죄하기 전 아담과 하와는 에덴동산 즉 낙원에 살았습니다. 그곳에서는 언제든지 하나님 앞에 나아갈 수 있었습니다. 에덴동산은 예배자에게 주어진 곳으로 낙원이었습니다. 그곳에는 생명과 행복이 채워진 곳이었습니다. 그곳에서는 하나님의 얼굴을 뵙기를 바라는 것뿐, 다른 어떤 소원도 필요를 구할 것도 없었습니다.

하지만 아담과 하와는 에덴동산에서 범죄하고 타락하였습니다. 타락은 하나님과의 관계의 단절을 가져왔으며, 그것은 영적인 죽음이고, 더 이상 하나님 앞에 나아갈 수 없게 된 것입니다. 하나님은 그들을 더 이상 낙원에 두실 수 없으셨습니다. 에덴동산 밖으로 추방하셨으며, 다시는 하나님 앞에 설 수 없게 되었습니다.

타락한 인간의 비참은 죽음을(엡 2:1) 포함하여 삶의 수고로움과 비애 그리고 인간 스스로 자신의 죄를 해결할 수 없다는 것입니다. 그리고 더 이상 하나님 앞에 나아가는 예배자로 살 수 없게 된 것입니다. 하나님과의 관계의 단절은 마치 나뭇가지가 줄기에서 잘려지는 것과 같은 것입니다.

† **시편 90:8-9**, "주께서 우리의 죄악을 주의 앞에 놓으시며 우리의 은밀한 죄를 주의 얼굴 빛 가운데에 두셨사오니, 우리의 모든 날이 주의 분노 중에 지나가며 우리의 평생이 순식간에 다하였나이다"

† **히브리서 9:27**, "한번 죽는 것은 사람에게 정해진 것이요 그 후에는 심판이 있으리니"

2
긍휼히 여기심을 받는다

하나님 앞에 나아가는 예배의 자리에서 우리는 하나님의 긍휼히 여기심을 받습니다. 긍휼히 여김은 '불쌍히 여김, 짐을 같이 짐'을 뜻합니다.

(1) 긍휼은 우리에게 대한 하나님의 사랑이 표현되는 방식입니다.

(2) 하나님의 긍휼히 여기심은 그리스도의 십자가 구속하심과 죄 사함으로 나타났습니다. 우리가 감당할 수 없는 그것을 대신 감당해 주심으로 해결해 주신 것입니다.

(3) 하나님의 긍휼은 회개와 용서하심으로 나타납니다.

"여호와께서 말씀하시되 오라 우리가 서로 변론하자 너희의 죄가 주홍 같을지라도 눈과 같이 희어질 것이요 진홍 같이 붉을지라도 양털 같이 희게 되리라" 사 1:18

그리스도인일지라도 육체의 연약함에 싸여 있습니다. 그래서 죄에 넘어집니다. 그렇지만 그리스도인들은 그리스도의 십자가 구속하심을 힘입어 하나님 앞에 자복하고 회개할 수 있습니다. 우리가 회개하고 자복할 때, 하나님 아버지는 우리 죄를 사해 주십니다. 그것은 그리스도의 십자가 대속에 근거하는 것이며, 동시에 우리를 향한 하나님의 긍휼하심으로 말미암는 것입니다.

(4) 기도 응답

† **빌립보서 4:6-7**, "아무 것도 염려하지 말고 다만 모든 일에 기도와 간구로, 너희 구할 것을 감사함으로 하나님께 아뢰라, 그리하면 모든 지각에 뛰어난 하나님의 평강이 그리스도 예수 안에서 너희 마음과 생각을 지키시리라" (☆마 7:7-11)

우리가 기도할 때 하나님은 우리 기도를 기쁘게 받으시고 응답해 주십니다. 우리가 하나님의 자녀이기 때문이며, 그럴지라도 우리가 하나님 앞에 합당하기 때문이 아니라 하나님의 긍휼하심에 근거하는 응답인 것입니다. 그리스도를 내주신 하나님의 사랑이 또한 우리 기도를 가능하게 함입니다.

(5) 환난 날에 도움이십니다.

† **고린도전서 10:13**, "사람이 감당할 시험 밖에는 너희가 당한 것이 없나니 오직 하나님은 미쁘사 너희가 감당하지 못할 시험 당함을 허락하지 아니하시고 시험 당할 즈음에 또한 피할 길을 내사 너희로 능히 감당하게 하시느니라" (☆시 50:15; 약 5:13-15)

하나님은 나를 나보다 더 잘 아십니다. 그래서 우리가 감당할 수 있는 정도의 시험만 허용하십니다. 환난과 고난의 현장에서 하나님을 찾고 기도할 때, 하나님은 우리 기도를 들으시고 응답해 주십니다.
"환난 날에 나를 부르라 내가 너를 건지리니 네가 나를 영화롭게 하리로다" 시 50:15

하나님이 환난에서 우리를 건져주심은 그의 긍휼히 여기심입니다.

3
때를 따라 돕는 은혜

'때를 따라 돕는 은혜'는 때에 맞는 은혜를 뜻합니다. 성경에 "이른 비와 늦은 비"란 말이 있습니다. 씨를 뿌리고 열매를 맺고 거두는 일에서 그때에 맞게 내리는 비를 의미합니다. 우리가 세상을 살아가는 일에는 그때그때에 맞는 하나님의 은혜가 꼭 필요합니다. 때에 맞는 하나님의 은혜가 없다면 우리 삶은 꼬이게 되고, 많은 수고를 할지라도 수고에 합당한 결과를 얻을 수 없게 됩니다.

우리가 아직 죄인이었을 때에 우리를 위해 독생자를 아끼지 않으시고 내주신 하나님은 이제 그리스도 안에서 자녀된 우리를 귀히 여기시며 때를 따라 돕는 은혜를 베푸십니다.

4
회복이 있다

† 이사야 40:29-31, "피곤한 자에게는 능력을 주시며 무능한 자에게는 힘을 더하시나니, 소년이라도 피곤하며 곤비하며 장정이라도 넘어지며 쓰러지되, 오직 여호와를 앙망하는 자는 새 힘을 얻으리니 독수리가 날개치며 올라감 같을 것이요 달음박질하여도 곤비하지 아니하겠고 걸어가도 피곤하지 아니하리로다"

하나님 앞에 나아가는 예배의 자리에서 하나님으로부터 공급되는 새 힘을 얻게 됩니다. 새벽에 내리는 이슬을 머금고 뜨거운 햇빛에 시들었던 시온산의 식물들이 새 힘을 얻고 소성하게 됩니다. 예배의 자리에서 임재하신 하나님으로 말미암아 영적인 새 힘이 주어지고, 그 힘으로 고단한 현실의 삶을 살아갈 수 있고, 고난과 역경을 만날지라도 견디어내고 감당하게 됩니다.

(1) 하나님으로부터 임하는 새 힘을 통해 깨지고 찌그러진 삶이 회복됩니다. 찌그러진 플라스틱이나 철판에 강한 열을 가하면, 찌그러

졌던 부분이 펴지고 원형을 회복하게 됩니다. 하나님 앞에서 얻는 새 힘이 주어질 때 우리들의 가정생활에서, 건강에서, 삶의 현실에서 깨지고 찌그러든 것들이 회복되는 것입니다.

(2) 영적 풍성함을 통한 회복입니다.

"사랑하는 자여 네 영혼이 잘됨 같이 네가 범사에 잘되고 강건하기를 내가 간구하노라" 요삼 1:2

요한복음 10장 10절에, "…내가 온 것은 양으로 생명을 얻게 하고 더 풍성히 얻게 하려는 것이라" 하였습니다.

시들고 말라버린 화초를 온실에 옮겨서 적당한 온도와 습도를 유지해 주면, 얼마 지나지 않아 싱싱하게 회복되는 것을 봅니다. 우리들의 삶도 그렇습니다. 그리스도의 생명으로 풍성함을 얻게 되면, 우리 삶이 새 힘을 얻고 회복되는 것입니다. 그래서 우리 삶에서 눈에 보여지는 것보다, 보이지 않는 그리스도의 생명으로 풍성하게 되는 게 중요합니다. 그리스도의 생명으로 풍성함을 누리는 것이 하나님 앞에 나아가는 예배의 자리인 것입니다.

(3) 주의 평안을 주십니다.

하나님은 우리 삶이 근심걱정에 짓눌려 살아가기를 원치 않으십니다. 구원받은 하나님의 자녀들이 그 마음에 평안을 누리며 살기를 원하십니다. 예레미야 29장 11절에, "여호와의 말씀이니라 너희를 향한 나의 생각을 내가 아나니 평안이요 재앙이 아니니라 너희에게 미래와 희망을 주는 것이니라" 하였습니다. 예수님은 요한복음 14장 27절에서, "평안을 너희에게 끼치노니 곧 나의 평안을 너희에게 주노라 내가 너희에게 주는 것은 세상이 주는 것과 같지 아니하니라 너희는 마음에 근심하지도 말고 두려워하지도 말라" 하셨습니다.

구원받은 그리스도인이 그 마음에 평안을 누리는 것은 그리스도 안에서 하나님의 나라가 임하였음을 의미합니다.

로마서 14장 17절에, "하나님의 나라는 먹는 것과 마시는 것이 아니요 오직 성령 안에 있는 의와 평강과 희락이라" 하였습니다. 그러므로 골로새서 3장 15절에서, "그리스도의 평강이 너희 마음을 주장하게 하라 너희는 평강을 위하여 한 몸으로 부르심을 받았나니 너희는 또한 감사하는 자가 되라" 하였습니다.

이 같은 마음의 평안은 우리가 하나님을 예배하는 자리, 하나님 앞에서 그 은혜로 얻어집니다. 비록 현실의 삶은 고달픔과 근심거리가 있을지라도, 그 마음에는 하나님의 평안이 채워지는 것입니다.

하나님 앞에 나아가는 거룩한 예배자로 부름 받은
그리스도인들은 그 삶에서 항상 예배를 소중히 여기고
최선을 다해 합당하게 하나님을 예배해야 합니다.
예배는 구원받은 우리들을 행복하게
하기 때문입니다.

에피소드

목사님과의
잊지 못할 만남

윤현수 목사

순천화평교회(서울화평3지교회) 제5지 교회 화평낙도선교센터 윤현수 목사입니다.

진도군 조도면은 150여 개 섬들로 이루어졌습니다. 저는 선교배(화평호)로 섬들을 순회선교하기 위해 파송되었습니다. 작은 배로 4개 섬들을 순회하다가 청등도와 눌옥도에 예배당이 필요해서 건물을 세워야 했습니다.

청등도에 기초를 닦고 조립식 건물을 세우기 위해 자재를 쌓아 놓았는데, 화재로 모두 전소되고 말았습니다. 피해액이 천만 원 정도이다 보니 영적으로 침체가 왔습니다. 특히 섬 주민 중 한두 사람이 예배당 건축을 반대하는 가운데, 스트레스로 쓰러져 3개월을 누워있어야 했습니다.

그때 그 사정을 들으시고 도움의 손길을 주신 천사 같으신 이재옥 목사님은 저를 다시 일으켜 세워 주셨습니다. 뿐만 아니라 선교배가 너무 작고 엔진이 자주 고장 나 표류할 때가 많았는데, 기쁨으로 새 선교배를 선물로 보내주셨습니다.

그리고 섬에서 고생한다고 아이들 장학금도 지원해 주셨던 정이 많으신 이재옥 목사님! 제게는 참으로 따뜻한 사랑이셨습니다.

성역 43여 년을 열심으로 달려오신 목사님! 앞으로의 여생은 더 아름답고 따뜻한 삶으로 하나님께서 인도해 주시기를 소망합니다.

SERMON 13

예배를 위한 공동체

히브리서 10:22-25

22 우리가 마음에 뿌림을 받아 악한 양심으로부터 벗어나고 몸은 맑은 물로 씻음을 받았으니 참 마음과 온전한 믿음으로 하나님께 나아가자

23 또 약속하신 이는 미쁘시니 우리가 믿는 도리의 소망을 움직이지 말며 굳게 잡고

24 서로 돌아보아 사랑과 선행을 격려하며

25 모이기를 폐하는 어떤 사람들의 습관과 같이 하지 말고 오직 권하여 그 날이 가까움을 볼수록 더욱 그리하자

* 우리가 마음에 뿌림을 받은 것은 무엇입니까?

* 그리스도의 피로 뿌림을 받은 성도는 무엇을 해야 합니까?

  1) 참 마음과 온전한 믿음으로,

  2) 믿는 도리의 소망을,

  3) 서로 돌아보아,

  4) 모이기를,

　주님은 분명한 목적을 가지고 그의 교회를 세우셨습니다. 그리스도의 몸으로서 교회 곧 그리스도인의 공동체는 천국열쇠 즉 구원의 복음을 맡기셨습니다. 그런 의미에서 **교회는 선교공동체**입니다. 동시에 **교회는 영과 진리로 하나님을 예배하는 예배공동체**인 것입니다. 이것이 우선되는 교회의 목적일 것입니다.

　교회는 그 존재 목적을 감당해야 합니다. 그래야 교회의 교회됨이 인정받게 됩니다.

1
하나님을 예배하는 교회

예수님은 마태복음 18장 20절에서, "두세 사람이 내 이름으로 모인 곳에는 나도 그들 중에 있느니라" 하셨습니다. 주님의 이름으로 모이는 교회 곧 예배공동체라는 의미입니다. 구약시대 이스라엘도 하나님의 성전을 중심으로 그들의 삶이 이루어졌습니다. 구약교회인 이스라엘도 여호와 하나님을 예배하는 공동체였습니다.

하나님을 예배하는 공동체로서의 교회는 하나님의 성전입니다.

† **에베소서 2:20-22**, "너희는 사도들과 선지자들의 터 위에 세우심을 입은 자라 그리스도 예수께서 친히 모퉁잇돌이 되셨느니라. 그의 안에서 건물마다 서로 연결하여 주 안에서 성전이 되어 가고, 너희도 성령 안에서 하나님이 거하실 처소가 되기 위하여 그리스도 예수 안에서 함께 지어져 가느니라"

† **고린도전서 3:16**, "너희는 너희가 하나님의 성전인 것과 하나님의 성령이 너희 안에 계시는 것을 알지 못하느냐"

성전은 하나님을 예배하는 곳입니다. 하나님이 거기에 임재하시고 그리스도 예수를 의지하는 성도들이 그리스도의 이름으로 하나님 앞에 나아가 그분을 찬양하고 경배하는 거기가 성전입니다. 성전으로서 교회는 하나님을 예배하는 공동체인 것입니다. 그래서 교회는 하나님을 바르게 예배하려고 노력해야 하고, 온 마음과 최선을 다해 예배해야 합니다. 예배를 하되, 하나님의 기쁨되는 예배를 하려고 노력해야 합니다. 교회가 합당한 예배로 하나님 앞에 나아갈 때, 그곳에서 하나님의 은혜를 받고 하나님의 복을 누립니다.

2
참 예배를 감당하는 교회

구약시대 이스라엘은 성전에서 짐승을 잡아 제사하였습니다. 그것이 구약시대의 예배 형식이었습니다. 이 같은 구약시대의 성전 제사는 직접이 아닌 간접예배였습니다. 성전 제사는 누구나 다 성전에 들어갈 수 없었습니다. 특별히 선택받은 제사장들만 성전 즉 하나님 앞에 나아갈 수 있었습니다. 그래서 하나님 앞에 나아감이 성전과 제물 그리고 제사장을 통해 간접적으로 예배했던 것입니다.

이 같은 예배는 살아계신 하나님과 교통하고 교제하는 인격적인 예배가 아닌 비인격적인 예배였습니다. 이런 예배는 참된 예배가 아닌, 언젠가 나타나실 그리스도로 말미암아 드려지게 될 참 예배의 그림자였던 것입니다.

하나님의 아들 그리스도 예수님이 이 땅에 오셔서 그가 십자가에 달려 피 흘려 죽으심으로, 단번에 영원한 제사를 드리시고 그림자의 예배를 완성하신 것입니다(히 9:9-12).

† **히브리서 9:9-12**, "이 장막은 현재까지의 비유니 이에 따라 드리는 예물과 제사는 섬기는 자를 그 양심상 온전하게 할 수 없나니, 이런 것은 먹고 마시는 것과 여러 가지 씻는 것과 함께 육체의 예법일 뿐이며 개혁할 때까지 맡겨 둔 것이니라. 그리스도께서는 장래 좋은 일의 대제사장으로 오사 손으로 짓지 아니한 것 곧 이 창조에 속하지 아니한 더 크고 온전한 장막으로 말미암아, 염소와 송아지의 피로 하지 아니하고 오직 자기의 피로 영원한 속죄를 이루사 단번에 성소에 들어가셨느니라"

† **히브리서 10:12-14**, "오직 그리스도는 죄를 위하여 한 영원한 제사를 드리시고 하나님 우편에 앉으사, 그 후에 자기 원수들을 자기 발등상이 되게 하실 때까지 기다리시나니, 그가 거룩하게 된 자들을 한 번의 제사로 영원히 온전하게 하셨느니라"

† **히브리서 10:18**, "이것들을 사하셨은즉 다시 죄를 위하여 제사 드릴 것이 없느니라"

그리스도 예수님이 십자가에 죽으시고 부활하심을 통해 율법에 속한 제사(그림자)를 완성하시고 참 예배를 열어주신 것입니다. 그래서 더 이상 그림자 같은 제사를 반복할 필요가 없어졌습니다. 그리스도를 믿음으로 구원받은 성도들이라면 누구든지 직접 하나님 앞에 나아가며, 영과 진리로 드리는 참 예배가 가능하게 된 것입니다.

참 예배는 구원받은 하나님의 자녀들이 그 아버지 하나님 앞에 나아가며 아버지와 교통하며 교제하는 인격적인 행위인 것입니다.

† **요한복음 4:23-24**, "아버지께 참되게 예배하는 자들은 영과 진리로 예배할 때가 오나니 곧 이 때라 아버지께서는 자기에게 이렇게 예배하는 자들을 찾으시느니라. 하나님은 영이시니 예배하는 자가 영과 진리로 예배할지니라"

3
사람을 예배자로 지으셨다

여호와 하나님은 처음 사람을 지으실 때, "하나님의 형상을 따라" 지으셨다고 하였습니다.

"하나님이 자기 형상 곧 하나님의 형상대로 사람을 창조하시되 남자와 여자를 창조하시고" 창 1:27

무엇 때문에 만물 중에 사람만을 하나님의 형상을 따라 지으신 것일까요? 하나님은 분명한 목적을 가지고 그리하셨을 것입니다.

하나님은 영이십니다. 그러므로 사람이 하나님의 형상을 가졌다는 것은 여호와 하나님처럼 영적인 존재라는 의미입니다. 영이신 하나님은 영적인 피조물들과 교통하며, 교제할 수 있으십니다. 영적인 사람만이 영이신 하나님과 인격적인 교제가 가능했던 것입니다. 영적 동질성이 없으면, 영이신 하나님과 교통할 수 없습니다.

하나님은 사람을 하나님의 형상을 따라 지으심으로 그들로 하나님 앞에 서며, 인격적으로 교제하는 거룩한 예배자로 삼으셨던 것입니다. 하나님은 아담과 하와를 위해 에덴동산을 특별히 창설하셨고, 그곳에서 하나님은 그들로 더불어 어울리며 예배를 받으셨던 것입니다. 하나님을 예배하는 그곳이 에덴동산이고, 하나님을 예배하는 그곳에 하나님의 풍성한 은혜가 있고 복이 임합니다.

하지만 불행하게도 아담과 하와가 하나님의 금지하신 선악과를 먹음으로 범죄하고 타락하였습니다. 그 타락으로 아담과 하와는 에덴동산에서 추방되었습니다. 그것은 하나님과의 단절을 의미합니다. 그것이 영적 죽음입니다. "먹는 날에는 반드시 죽으리라"는 하나님의 경고는 그대로 실현되었습니다(창 2:17). 그들은 영적인 죽음에 이르렀고, 나아가 육체적인 죽음을 피할 수 없게 된 것입니다.

"한번 죽는 것은 사람에게 정해진 것이요 그 후에는 심판이 있으리니" 히 9:27

영적인 죽음은 영적 지각이 사라졌고, 그 결과 영이신 하나님을 잃어버리게 하였습니다. 그래서 하나님의 형상을 따라 지음 받았음에도 사람들은 하나님을 찾지 않고 온갖 우상을 만들고 눈에 보이는 그것들을 신으로 숭배하게 된 것입니다. 더 이상 하나님을 예배하는 아름답고 복된 지위를 누리지 못하게 되었습니다. 그것이 범죄하고 타락한 인간의 불행이며 비참입니다.

사랑의 하나님은 범죄한 인간들을 그 죄와 멸망에 버려두지 않으셨습니다. 하나님이 구원의 길을 열어주셨던 것입니다. 그것은 순전히 하나님의 사랑에 의한 것이었습니다.

"하나님이 세상을 이처럼 사랑하사 독생자를 주셨으니 이는 그를 믿는 자마다 멸망하지 않고 영생을 얻게 하려 하심이라. 하나님이 그 아들을 세상에 보내신 것은 세상을 심판하려 하심이 아니요 그로 말미암아 세상이 구원을 받게 하려 하심이라" 요 3:16-17

하나님의 아들 그리스도 예수께서 세상에 오셨습니다. 그는 말씀이 육신이 되어 우리 가운데 오신 분이십니다(요 1:14). 그는 우리와 같은 사람으로 나타나셨지만, 동정녀 마리아에게 성령으로 잉태되어 탄생하심으로 아담의 타락과 무관하였습니다. 그래서 그에게는 죄가 없으셨습니다(히 4:15). 죄 없는 하나님의 아들이 십자가에 달려 피 흘려 죽임당하셨습니다. 그것은 우리 모두의 죄를 대신 담당하시고 대속하시는 사건이었습니다(사 53:6; 히 9:11, 12. 28).

그리하여 우리를 위한 구원과 생명의 길을 열어주셨던 것입니다. 누구든지 그를 믿으면 죄 사함을 받고 영생을 얻으며, 하나님의 자녀로서 하나님 앞에 나아가는 예배가 회복되는 것입니다.

"예수께서 이르시되 내가 곧 길이요 진리요 생명이니 나로 말미암지 않고는 아버지께로 올 자가 없느니라" 요 14:6

예수 믿음으로 얻는 영생은 곧 참 생명이신
그리스도의 생명에 참여한 것이며,
허물과 죄로 인해 죽었던 영혼의 부활을 의미합니다.
영적인 사람이 된 것입니다. 그래서 영적 지각을
갖게 되고, 영이신 하나님을 알게 되며,
영이신 하나님을 영과 진리로
예배할 수 있게 된 것입니다.

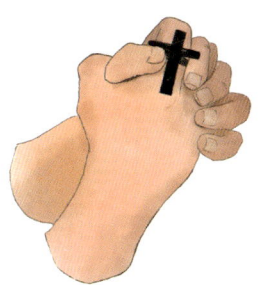

4
참 예배는 어떻게 드리는가?

예배는 그 대상이 우리를 구원하시고 만물을 창조하신 여호와 하나님이십니다. 우리가 그 하나님을 예배하는 것은 하나님의 은혜로 구원받았기 때문입니다. 그런데 종종 우리는 예배의 대상을 전혀 의식하지 않고 예배하는 경우가 있습니다. 그 같은 예배는 자연스레 예배하는 우리들 중심으로 흐릅니다. 우리들의 만족, 우리들의 기쁨, 우리들의 어울림만이 중요시 되는 것입니다. 이는 예배의 타락입니다.

구원받은 그리스도인들이 하나님을 참되게 예배하기 위해 무엇을 어떻게 해야 합니까?

† **구원받은 그리스도인이 그 몸으로 신(神) 앞에 나아가야 합니다.**

예배의 자리에 내가 있어야 합니다. 그리스도의 피로 구원받은 내가 바쳐져야 합니다. 헌금을 드리고 예배에서 선포된 설교를 들을 수 있어도, 내가 드려지지 않은 것은 참된 예배일 수 없습니다. 내가 드려지는 것이 하나님의 은혜로 얻은 구원에 대한 바른 고백이며, 찬양이며 헌신입니다.

† **하나님은 온전한 믿음의 예배를 받으십니다.**

히브리서 10:22, "우리가 마음에 뿌림을 받아 악한 양심으로부터 벗어나고 몸은 맑은 물로 씻음을 받았으니 참 마음과 온전한 믿음으로 하나님께 나아가자"

하나님을 참되게 예배하는 데 중요한 것이 "온전한 믿음"이라 하였습니다. 우리 중에 누가 온전한 믿음의 사람일까요? 내 믿음의 정도를 측정할 수 있을까요? 우리가 상대적으로 조금 더 크고, 조금 더 작은 정도의 믿음일 수는 있겠지만, 사실 어떤 사람도 자신의 믿음이 온전하다 할 수는 없습니다. 그렇다면 누가 어떻게 하나님을 예배할 수 있다는 것입니까?

우리 자신의 믿음은 온전할 수 없지만, 나를 위해 죽으시고 부활하신 그리스도를 의지하면 우리는 온전하게 됩니다. 그러므로 온전한 믿음은 내가 아닌 그리스도 예수만 의지하는 믿음입니다. 나를 위해 십자가에 달려 죽으신 그리스도를 의지하지 않으면, 어떤 사람도 하나님을 예배할 수 없다는 말씀입니다. 그리스도 예수님은 십자가에 죽으심을 통해 우리로 하나님 앞에 나아가는 길이 되어주셨던 것입니다.

"예수께서 이르시되 내가 곧 길이요 진리요 생명이니 나로 말미암지 않고는 아버지께로 올 자가 없느니라" 요 14:6

† **참 마음으로 나아가자.**

"참 마음과 온전한 믿음으로…", 참 마음은 어떤 마음일까요? 하나님은 우리의 겉모습 이전에 우리의 중심을 보신다고 하였습니다. 하나님 앞에서는 우리의 마음이 꾸며진다거나, 숨겨질 수 없다는 것입니다. 그러므로 참 마음은 곧 아무런 가식도 없는 순수한 마음일 것입니다. 요한일서 1장 9절에, "만일 우리가 우리 죄를 자백하면 그는 미쁘시고 의로우사 우리 죄를 사하시며 우리를 모든 불의에서 깨끗하게 하실 것이요"라 하였습니다. 하나님 앞에 우리 마음을 있는 그대로 드러낼 수 있어야 합니다. 그것이 참 마음일 것입니다. 죄는 죄대로 자복되어야 합니다. 그래야 죄 씻음을 받게 됩니다.

야고보서 4장 8절에, "하나님을 가까이하라 그리하면 너희를 가까이하시리라 죄인들아 손을 깨끗이 하라 두 마음을 품은 자들아 마음을 성결하게 하라"라고 하였습니다. 두 마음을 품은 것은 성결하지 않은 것입니다. 하나님을 예배하는 마음은 전심(全心)입니다. 온 마음을 다하는 게 참 마음입니다. 예배하는 이들이 몸은 예배의 자리에 있으나 마음은 다른 무엇에 나뉘어 있다면, 그 예배를 하나님이 기뻐하시지 않으십니다. 몸도 마음도 전부 드려져야 합니다.

† **은혜를 알고 감사함으로 예배하라.**

골로새서 3:16, "그리스도의 말씀이 너희 속에 풍성히 거하여 모든 지혜로 피차 가르치며 권면하고 시와 찬송과 신령한 노래를 부르며 감사하는 마음으로 하나님을 찬양하고"

하나님이 받으시는 참 예배는 그의 베푸신 은혜를 바로 깨닫고, 그 은혜로 인하여 감사드리는 예배입니다. 예배의 바탕이 믿음이라면, 예배의 내용은 전부 감사인 것입니다. 하나님을 찬송함이 그렇고, 기도도 그렇고, 드리는 헌금도 모두 감사의 고백입니다. 감사를 빼버리면, 예배는 하나의 의무가 됩니다. 그런 예배는 메마른 예배입니다.

"내게 주신 모든 은혜를 내가 여호와께 무엇으로 보답할까" 이것이 예배의 정신입니다(시 116:12).

"감사함으로 그의 문에 들어가며 찬송함으로 그의 궁정에 들어가서 그에게 감사하며 그의 이름을 송축할지어다" 시 100:4

오직 감사함에서 드려지는 예배에는 즐거움과 감동이 있습니다. 하나님도 기뻐하십니다.

† **성령으로 말미암아 예배하라.**

참 예배는 성령으로 말미암는 예배일 것입니다. 성령의 임재와 운행하심이 없다면, 예배의 모임은 사람들만의 모임이 될 것이고 매우 형식적인 예배에 머무를 것입니다.

구원받은 성도들의 모임인 교회는 본래 성령으로 말미암아 이루어진 그리스도의 몸입니다.

"우리가 유대인이나 헬라인이나 종이나 자유인이나 다 한 성령으로 세례를 받아 한 몸이 되었고 또 다 한 성령을 마시게 하셨느니라"
고전 12:13

 그렇기 때문에 교회 공동체 예배는 더더욱 성령으로 충만하고 성령으로 말미암는 예배가 되어야 합니다.

보혜사 성령께서 함께하시고 주장하시는 예배에는
죄를 자복하는 회개가 따르고, 그리스도 예수를 영접하고
구원받음이 나타납니다. 이 같은 예배는
예배자들을 변화시키고 영적 성장을 이룹니다.
우리는 성령이 주장하시는 신령한 예배의 회복을 위해
기도하고 노력해야 합니다.

에피소드

목사님과의
잊지 못할 만남

김 일 목사

걸음걸음 하나님의 은혜를 체험하며 생생하게 증거하시고 보람 있었던 목회 사역을 은퇴하시는 이재옥 목사님과 그 길을 함께해오신 사모님께 축하드립니다. 성도들을 이끌고 걸어오신 이 사역의 은퇴에 축하의 인사는 혹여 결례되지 않을까 염려되기도 하지만, 이 말이 가장 합당한 듯합니다.

목회자의 길에 들어선 후에 저의 끊임없는 질문과 기도는 하나님 앞에서 부끄럽지 않은 목회자로 살아가는 것이었습니다. 그러나 그렇게 하는 것이 쉽지 않았습니다. 왜냐하면 좋은 스승을 만날 수 있는 기회가 흔치 않기 때문입니다. 또한 좋은 스승이라고 만나도 막상 그 사역의 현장에서 볼 때는 좋은 분이라고 판단하기 어려울 때가 있습니다. 아마 부교역자가 가지는 한계가 아니었나 싶습니다.

화평교회에 부교역자로 부름받아 목회하면서 그 현장에서 이재옥 목사님을 만나고 목회자의 선배로서, 인생의 선배로서 보여주신 그 영향력을 배울 수 있었던 것이 제게는 큰 축복이었습니다. 그리고 한 교회를 섬기는 담임 목회자로서 무엇인가를 결정하고 판단해야 할 때마다, 또한 좋은 목회자는 어떤 모습이어야 할까를 고민할 때마다 항상 목사님이 가장 많이 생각납니다. 그래서 목사님의 그 모습을 따라 살아가고자 합니다.

아마 목사님과 수십 년간 함께 교회를 세우고 주님을 섬겨 오셨던 다른 분들도 목사님을 떠나고 나면, 그 모습이 더욱 그리울 것입니다.

저는 화평교회와 이재옥 목사님께 두 가지 큰 은혜를 받았습니다. 첫째는 저의 사랑스러운 아내가 화평교회

김 일 목사 가족

출신이고, 둘째는 제가 이곳에 와서 담임목회를 하는 데 결정적인 역할을 화평교회가 해주셨기 때문입니다.

이곳 조안교회의 후임 청빙이 있을 당시, 교회에서 공동의회를 통해 저를 청빙하고 난 후에 우리 교회 원로목사님께서 이런 말씀을 하셨습니다.

"김 목사님을 우리 교회의 후임으로 청빙하기로 결정한 큰 이유는 이재옥 목사님 때문입니다. 제가 이 목사님과 오랜 친분이 있었는데, 이 목사님 밑에서 목회를 배웠다면 틀림없을 것이라는 확신이 있었기 때문입니다."

그 말씀을 듣기 전까지는 제가 설교를 잘하고 무엇인가 잘난 것이 있어서 청빙을 받았다고 생각했는데, 그것이 아니었던 것입니다.

화평교회를 떠나온 지 어언 8년이 되어가는 데도, 아직도 화평교회와 목사님은 늘 저에게 목회의 힘을 주시는 감사하고 아름다운 추억입니다.

새로 부임하시는 목사님과 함께 더욱더 즐겁고 행복한 화평교회를 세워갈 수 있도록 열심히 기도하겠습니다.

"이재옥 목사님, 사모님! 그동안 수고 많으셨습니다. 언제나 감사하고 사랑합니다!"

* 김 일 목사는 현재 조안교회에서 담임목사로 시무하고 있습니다.

SERMON 14

예배자의
삶과 다짐!

시편 101:1-8

1 내가 인자와 정의를 노래하겠나이다 여호와여 내가 주께 찬양하리이다

2 내가 완전한 길을 주목하오리니 주께서 어느 때나 내게 임하시겠나이까 내가 완전한 마음으로 내 집 안에서 행하리이다

3 나는 비천한 것을 내 눈 앞에 두지 아니할 것이요 배교자들의 행위를 내가 미워하오리니 나는 그 어느 것도 붙들지 아니하리이다

4 사악한 마음이 내게서 떠날 것이니 악한 일을 내가 알지 아니하리로다

5 자기의 이웃을 은근히 헐뜯는 자를 내가 멸할 것이요 눈이 높고 마음이 교만한 자를 내가 용납하지 아니하리로다

6 내 눈이 이 땅의 충성된 자를 살펴 나와 함께 살게 하리니 완전한 길에 행하는 자가 나를 따르리로다

7 거짓을 행하는 자는 내 집 안에 거주하지 못하며 거짓말하는 자는 내 목전에 서지 못하리로다

8 아침마다 내가 이 땅의 모든 악인을 멸하리니 악을 행하는 자는 여호와의 성에서 다 끊어지리로다

* 1, 2절에 나타난 다윗의 다짐은 무엇입니까?

....

* 5절에서 다윗은 무엇을 용납하지 않겠다고 했습니까?

....

* 7절에 어떤 사람이 내 집에 거주할 수 없다고 했습니까?

....

십계명을 보면 1-4계명은 하나님을 예배하라는 계명입니다. 그리고 5-10계명은 하나님을 예배하는 자들의 삶을 교훈하였습니다.

"네 부모를 공경하라. 살인하지 말라. 간음하지 말라. 도둑질하지 말라. 네 이웃에 대하여 거짓 증거하지 말라. 네 이웃의 집을 탐내지 말라"

이는 하나님을 예배하는 성도들의 삶에서 행하여야 할 마땅한 모습입니다. 그것처럼 진정한 예배는 삶에서 거룩한 열매로 나타나야 합니다. 진정한 예배의 결과는 반드시 삶으로 연결되지 않을 수 없습니다.

1
하나님을 예배하는 성도들

"내가 인자와 정의를 노래하겠나이다 여호와여 내가 주께 찬양하리이다" 시 101:1

하나님을 노래하며 찬양하는 것이 예배이고, 찬양하는 자들이 곧 하나님을 예배하는 성도들입니다.

이 땅에서 성도들은 하나님을 예배하는 자들로 부르심을 받은 것입니다. 우리가 하나님을 예배하는 것은 복중의 복입니다. 그리스도인은 복된 예배를 잘 감당하려고 노력해야 합니다. 선하고 귀한 일일수록 노력하지 않으면 감당할 수 없습니다. 악한 마귀는 우리가 복된 일을 감당하지 못하도록 훼방하기 때문입니다.

많은 성도들은 즐거움으로 하나님을 찬양하며 예배하지만, 더러는 예배를 무거운 짐으로 여기는 이들도 있습니다. 그래서 할 수만 있으면 벗어나려고 핑곗거리를 찾기도 합니다.

2
완전한 길을 주목하리라

"**완전한**"은 [타밈]이란 히브리어 단어인데, 윤리적으로 흠이 없는 완전함을 가리키는 단어입니다. 가령 노아가 의인이면서 당세에 완전한 자라고 묘사한 것이나(창 6:9), 여호와께서 아브라함에게 '내 앞에서 행하여 완전하라' 하신 것(창 17:1), 욥이 순전하고 의롭다고 말한 문장에서 같이 쓰였습니다(욥 12:4). 하나님을 예배하는 성도들은 윤리적으로도 세상 사람들과는 차원을 달리해야 합니다.

"**완전한 길**"은 온전한 행동 방식을 가리킵니다. 하나님이 우리에게 요구하시는 행동 방식이 곧 하나님의 말씀입니다. 그러므로 완전한 길은 곧 하나님의 말씀을 좇아 살아가는 삶입니다(시 101:2).

예배자는 마땅히 그 삶에서 하나님의 말씀을 실천하여야 합니다. 예배자이면서 하나님의 말씀보다 세상의 가치와 풍조를 좇아 살아가는 그리스도인들이 적지 않습니다. 그 같은 삶을 추구하면서 하나님을 기쁨으로 예배할 수 없습니다.

예배자는 세상 사람들의 길이 아닌,
"완전한 길"을 주목해야 합니다.

3
비천한 것을 눈앞에 두지 않음

"비천한 것"은 히브리어에서 '무익하고 무가치한 말과 행동'을 뜻합니다. 주로 불경한 사람들을 지칭할 때 사용된 단어입니다. '잡류'(신 13:14) '불량자'(삼상 2:12) '비류'(삼상 10:27) '사악한 자'(삼하 23:6)로 사용되었습니다. 이들이 행하는 것은 다른 사람들에게 불쾌감을 주며, 다른 사람들을 해롭게 합니다.

시편 1장 1절에 언급된, "악인들의 꾀, 죄인들의 길, 오만한 자들의 자리"와 같은 의미입니다.

진정한 예배자들은 앉고 서는 자리는 물론 보는 것, 듣는 것에서도 구별됨이 필요하다는 것입니다. 세상은 '비천한 것들'로 넘쳐납니다. 일상에서 접하는 문화와 가치, 풍조들이 그렇습니다.

하나님을 예배하는 성도들은 그런 세상에서 살아갑니다. 그럴지라도 그것들로부터 **구별됨**이 있어야 합니다.

4
배교자들의 행위를 미워함

직역하면 "나는 올바른 데서 떠난 자들의 행위를 증오한다"입니다. '배교자들'은 하나님을 예배하는 자들로 구별함을 받은 이스라엘이 우상을 숭배하는 행위를 두고 하신 말씀입니다. 이스라엘은 예루살렘 성전에서 여호와 하나님을 예배하면서도, 동시에 마을마다 이방의 우상들을 세우고 그것들을 함께 숭배하였던 것입니다.

그리스도의 피 흘리신 은혜를 경험한 그리스도인으로서 그리스도 신앙을 떠나는 것은 물론 대속의 피를 흘려주신 그리스도 예수님이 아닌, 다른 신앙에 빠지는 것을 의미합니다. 수많은 사람들이 그리스도의 피 흘리신 은혜를 경험한 후에, 인간을 숭배하는 이단에 빠짐으로 올바른 데서 떠난 배교자들이 되었습니다.

오늘날에도 이스라엘이 그랬던 것처럼 하나님을 예배하는 성도들이면서 세상을 사랑하고, 돈을 사랑하고, 눈에 보이는 것들을 하나님보다 더 신뢰하고 의지하는 그리스도인들이 적지 않습니다.

"미워함"은 올바르지 못한 것에 대한 강한 거부감을 의미합니다. 하나님은 '죄'를 미워하십니다(잠 6:16-19). 하나님을 예배하는 성도들은 하나님이 미워하시는 것을 함께 미워하고 강한 거부감을 가져야 합니다.

"나는 그 어느 것도 붙들지 아니하리이다", 잠시 하나님을 떠남으로 얻어지는 이익이 크고 대단하다 할지라도 그것을 붙들지 않을 것이라는 의미입니다(시 101:3). '발람'은 눈앞에 보여지는 이익을 위하여 하나님을 거역하고 떠났습니다(민 22장; 유 1:11).

요즘에는 '동성애자들'이 거리낌 없이 자신의 성적 지향을 드러냅니다. 하지만 그리스도인들은 그런 것들을 용납해서는 안 됩니다. 그런 것은 하나님의 창조 질서를 거스르는 것이기 때문입니다. 저급한 동물의 세계에서도 그런 일은 찾아볼 수 없습니다.

하나님을 예배하는 성도들은 모든 사람을 사랑해야 하지만, 악한 자들의 악한 행위를 용납해서는 안 됩니다.

5
사악한 마음이
내게서 떠날 것이니

"사악한 마음이 내게서 떠날 것이니 악한 일을 내가 알지 아니하리로다" 시 101:4

 "**사악한 마음**"은 왜곡되고 뒤틀린 상태를 의미합니다. 마음이 바르지 못하고 뒤틀려 있음입니다.
 하나님을 예배하는 성도들은 무엇보다 자신들의 마음을 바르고 아름답게 가꾸어야 합니다. 하나님은 우리의 겉모습보다 우리의 중심 즉 마음을 보시기 때문입니다. 우리는 자신을 잘 포장하고 위장하여 일시적으로 주변 사람들을 속일 수는 있습니다. 하지만 우리의 중심을 보시는 하나님을 속일 수는 없습니다.

 여호와 하나님은 나라가 패망하고 포로로 끌려간 유다 백성들에게 그들의 회복을 말씀하시면서 회복의 날에, "맑은 물을 너희에게 뿌려서 너희로 정결하게 하되 곧 너희 모든 더러운 것에서와 모든 우상 숭배에서 너희를 정결하게 할 것이며, 또 새 영을 너희 속에 두고 새 마음을 너희에게 주되 너희 육신에서 굳은 마음을 제거하고 부드러운 마음을 줄 것이며, 또 내 영을 너희 속에 두어 너희로 내 율례를 행하게 하리니 너희가 내 규례를 지켜 행할지라" 하셨습니다(겔 36:25-27).

모든 더러운 것과 우상 숭배로부터 너희를 정결하게 한다고 하셨습니다. 정결함은 새 영, 새 마음을 주심의 결과라고 하셨습니다. 하나님을 예배하는 성도들은 무엇보다 모든 더러움으로부터 정결하게 된 마음을 가꾸어야 합니다.

"새 영", "새 마음"은 새 영 즉 성령으로 거듭남을 받음에서 가능하게 됩니다. 거듭나지 않은 자들에게서 새 마음은 불가한 것입니다. 이 같은 새 영, 새 마음은 하나님의 말씀을 잘 듣고 받아들이는 부드러운 마음입니다. 하나님을 예배하는 성도들은 이 같은 마음을 항상 가꾸어야 합니다. 우리 마음이 잘 기경된 옥토가 되어야 하나님의 말씀이 들려졌을 때, 잘 심겨지고 싹이 나고 자라서 많은 열매를 맺게 됩니다.

"아침마다 내가 이 땅의 모든 악인을 멸하리니", 다윗은 왕으로서 그 나라에서 악을 멸하겠다고 다짐하였습니다(시 101:8). 여기서 '땅'은 '사람'을 의미하기도 합니다. 하나님을 예배하는 자들은 아침마다 하나님 앞에서 우리 심령 가운데 악이 뿌리내리지 않도록 자신을 살펴보며, 회개와 자복과 다짐으로 우리 안에 자리하는 악을 멸해야 합니다. 그것이 하나님을 예배하는 성도들의 모습입니다.

6
자기 이웃을 헐뜯지 않음

"자기의 이웃을 은근히 헐뜯는 자를 내가 멸할 것이요" 시 101:5

헐뜯음'은 마귀의 특성입니다. 헐뜯는다는 것은 '깎아내린다, 모함한다, 비방한다, 허물을 들추어낸다' 등의 뜻입니다. 마귀는 참소하고 헐뜯기를 좋아합니다. 하나님은 우리 성도들에게 "네 이웃을 사랑하라"고 하셨습니다. 그리고 우리의 아버지이시고 우리 예배를 받으시는 하나님은 '**사랑**'이십니다(요일 4:16).

거듭난 하나님의 자녀들이 누구를 닮아야 하겠습니까? 밤낮 참소하고 헐뜯는 마귀의 모습을 닮아서는 안 됩니다. 그런 것은 다 벗어버려야 할 옛사람의 모습입니다.

로마서 12장 15절에, "즐거워하는 자들과 함께 즐거워하고 우는 자들과 함께 울라" 하였습니다. 이웃을 사랑함은 이웃의 슬픔과 기쁨을 공감하며, 그 슬픔과 기쁨에 함께하는 것입니다.

남이 잘되면 배가 아프고 심사가 편치 못한 것은 아직도 옛사람을 벗어버리지 못함입니다. 이웃을 사랑함이 없이 사랑의 하나님을 온전히 예배할 수는 없습니다.

'헐뜯음'의 반대는 '세움'입니다. 예배하는 성도들은 이웃을 세워주는 삶을 살아야 합니다. 어려움을 당하여 흔들려 넘어지지 않도록 도움을 주는 것이며, 항상 격려와 칭찬의 말로 용기와 위로를 주는 것입니다. 가끔은 그들의 말에 귀를 기울여 들어주는 것도 그들을 지지하고 격려하는 것이 됩니다.

7
마음이 교만하지 않음

"눈이 높고 마음이 교만한 자를 내가 용납하지 아니하리로다"
시 101:5

하나님을 예배하는 성도는 무엇보다 마음이 겸손해야 합니다. 그것은 그리스도 예수님을 닮음입니다.

"나는 마음이 온유하고 겸손하니 나의 멍에를 메고 내게 배우라 그리하면 너희 마음이 쉼을 얻으리니" 마 11:29

"시온 딸에게 이르기를 네 왕이 네게 임하나니 그는 겸손하여 나귀, 곧 멍에 메는 짐승의 새끼를 탔도다 하라 하였느니라" 마 21:5

하나님은 교만한 자는 물리치시고, 겸손한 자에게 은혜를 더하신다고 하셨습니다(약 4:6). 그러므로 하나님을 예배하는 성도는 당연히 겸손해야 합니다. 예배하는 성도들이 겸손함은 자신을 하나님 앞에서 볼 수 있기 때문입니다. 무한하신 하나님 앞에서 자신을 볼 수 있다면, 사람은 누구든지 겸손할 수밖에 없습니다. 그러므로 사람이 교만하다는 것은 어떤 의미에서 하나님을 알지 못하는 불신앙에 근거한다는 것을 깨닫게 됩니다. 하나님 앞에서 자신을 보지 못하고 다른 사람들과의 관계에서 비교하기 때문에, 내가 좀 더 낫다고 생각하면 교만하게 됩니다.

교만한 사람들은 자신만 못하다고 판단되는 사람들을 무시하거나 함부로 대합니다. 그리고 하나님 앞에 기도하지 않습니다. 하나님의 은혜 없이도 내 능력, 내 경험, 내 지혜로 얼마든지 잘할 수 있다고 생각하기 때문입니다. 그래서 교만한 자들은 하나님의 은혜를 알지 못하고 하나님의 은혜에 의지하지도 않습니다.

하나님을 예배하는 성도들은
철저히 교만을 깨뜨리고 겸손해야 합니다.
그래야 진정한 예배를 할 수 있습니다.

8
충성된 자

"내 눈이 이 땅의 충성된 자를 살펴 나와 함께 살게 하리니" 시 101:6

'충성'은 '믿음이 간다' '신실하다' '믿음에 흔들림이 없다'는 의미로 쓰입니다. 충성은 그리스도 예수님의 성품이기도 합니다. 성경은 예수 그리스도를 가리켜 하나님 앞에 충성된 분이셨다고 증언하였습니다. 히브리서 3장 2, 6절에서 보면, 모세는 하나님의 온 집에서 충성하였는데 예수님은 하나님의 집을 맡은 아들로서 충성하였다고 했습니다. 요한계시록 3장 14절에서 예수님을 가리켜, "충성되고 참된 증인"이라고 했습니다.

"그리고 맡은 자들에게 구할 것은 충성이니라" 고전 4:2

하나님을 예배하는 성도들은 그리스도를 믿고 그를 따르는 신앙생활에서 충성되어야 합니다. 세상을 살다 보면 좋은 때도 있지만, 원치 않는 고난과 시련을 겪기도 합니다. 그 같은 어려움 앞에서도 그 믿음과 주님을 향한 사랑이 변함이 없어야 합니다. 특히 주님의 몸인 교회를 섬기는 역할과 직분에 충성스러워야 합니다.

충성은 성령의 열매이기도 합니다. 갈라디아서에서 성령의 열매를 소개할 때에, "오직 성령의 열매는 사랑과 희락과 화평과 오래 참음과 자비와 양선과 충성과 온유와 절제니…"라고 하였습니다.

그리스도인은 성령의 사람입니다(롬 8:9). 그러므로 그리스도인은 매일의 삶에서 성령으로 충만해야 합니다. 그럴 때 충성의 열매가 있습니다. 신실하신 하나님을 예배하는 성도들은 충성됨이 있어야 합니다.

사도 바울은 누구보다 하나님 앞에 충성스러웠던 사람입니다. 그는 고백하기를, "내가 달려갈 길과 주 예수께 받은 사명 곧 하나님의 은혜의 복음을 증언하는 일을 마치려 함에는 나의 생명조차 조금도 귀한 것으로 여기지 아니하노라" 하였습니다(행 20:24).

9
거짓말하지 않음

"거짓을 행하는 자는 내 집 안에 거주하지 못하며 거짓말하는 자는 내 목전에 서지 못하리로다" 시 101:7

진리이신 하나님을 예배하는 성도들은 무엇보다 정직해야 합니다. 그 말과 삶에서 거짓됨이 없어야 합니다. 육체의 연약함에 싸여있는 우리가 항상 정직하기는 쉽지 않지만, 그래도 우리는 그렇게 성장해야 하고, 그렇게 열매 맺어가야 합니다. 하나님을 예배하는 성도이기 때문입니다.

예수님 당시 유대 바리새인과 서기관들의 신앙생활에 대해 예수님은 "외식하는 자들"이라고 책망하셨습니다. 그들은 누구보다 더 경건한 사람들이었지만, 주님은 그들을 인정하지 않으셨습니다. 그들의 외식하는 것 때문이었습니다. '외식함'은 신앙의 행위가 하나님과의 관계에서 가지는 게 아닌, 사람들에게 자신의 경건생활을 과시하고 인정받으려는 수단이었기 때문입니다. 그것은 하나님 앞에 정직하지 못한 것이며, 거짓됨이었습니다. 하나님은 그 같은 거짓을 기뻐하지 않으십니다.

거짓말이나 거짓됨은 마귀의 속성입니다.
"너희는 너희 아비 마귀에게서 났으니 너희 아비의 욕심대로 너희도 행하고자 하느니라 그는 처음부터 살인한 자요 진리가 그 속에 없으므로 진리에 서지 못하고 거짓을 말할 때마다 제 것으로 말하나니 이는 그가 거짓말쟁이요 거짓의 아비가 되었음이라" 요 8:44

하나님을 예배하는 것과 예배자들의 삶은 별개의 것이 아닙니다. 예배하는 속에서 영적인 성숙을 이루게 되고, 그것은 삶에서 변화로 열매 맺어야 합니다. 예배하는 만큼 우리는 이렇게 살겠다는 다짐이 세워지고, 그 같은 삶을 실천해야 합니다.

에피소드

목사님과의
잊지 못할 만남

이일복 목사

제가 대학교 4학년 때의 일입니다.
청년부 여름 수련회에 참석하고 있었는데, 둘째 날 이재옥 목사님께서 그곳으로 방문하셨습니다.

저녁때쯤 목사님께서 수련회 장소 한쪽에 있는 평상으로 부르시더니, 신학교에 가서 목회자가 될 것을 권유하셨습니다. 아주 강력하게 말이죠! 저는 한 번도 생각해보지 않은 일이라, 어리벙벙하기도 했고 뭐라고 대답을 드려야 할지 몰라 망설였습니다.

며칠 뒤에 저는 목사님께, "저 자신을 곰곰이 생각해보니 아무래도 신학교에 가서 목회자가 될 재목은 아닌 것 같습니다"라고 말씀드렸습니다. 정말 자신이 없었거든요.

목사님은 이렇게 말씀하셨습니다. "누구나 잘 준비되어서 목회자가 되는 것은 아니다. 하나님께서 부족함을 채워주시고 좋은 목회자로 키워주실 것이다. 그런 하나님의 인도하심에 잘 따라가기만 하면 된다."

청년부 시절

그 꼬임(?)에 넘어가 결국 저는 인생의 방향을 갑자기 틀어서 신학교에 가게 되었습니다.

아시는 분들은 아시겠지만, 신학교에 가서도 목회자로서의 저의 자람은 그렇게 빠르지 못했던 것 같습니다. 그 과정 중에 자신감을 잃기도 했고, 그만두고 싶은 생각도 있었습니다.

그때마다 목사님께서는 한결같은 마음으로 격려해 주셨습니다. "자신감을 잃지 마라! 지금은 서투를지 몰라도 자라면 된다." 늘 그렇게 기다려 주시고 다독여 주셨습니다.

저에게 이재옥 목사님은 그런 분이십니다. 어떤 사람을 대하든지, 또 그 사람의 지금의 모습이 어떠하든지, 그 안에서 하나님의 역사가 일어날 것을 기대하며 기다려주는 분이십니다. 저뿐만 아니라 화평 교회에서 자란 제 나이 또래 청년들은 다 목사님의 그런 기대를 받고 성장했을 것입니다.

목사님의 그런 삶의 모습은 저의 목회에도 영향을 주었습니다. 간혹 저와 함께 한 성도들이 주위의 다른 성도들을 실망하게 하거나 기대에 미치지 못할 때, 저는 그들에게 다가가 목사님께서 저에게 해 주셨던 말을 건넵니다.

"괜찮습니다. 우리 모두가 자라는 과정 중에 있으니까요. 다시 도전하고 자라면 됩니다. 잘 될 겁니다. 우리는 당신을 믿습니다!"

이일복 목사 가족

저를 목회자의 길로 인도하시고, 때마다 손잡아 이끌어주시고, 삶의 모범이 되어주신 존경하는 이재옥 목사님께 감사드립니다.

※ 이일복 목사는 현재 미국 매릴랜드주 세미한장로교회 담임목사로 시무하고 있습니다.

SERMON 15

예수 믿음이
행복입니다!

요한복음 3:13-18

13 하늘에서 내려온 자 곧 인자 외에는 하늘에 올라간 자가 없느니라

14 모세가 광야에서 뱀을 든 것 같이 인자도 들려야 하리니

15 이는 그를 믿는 자마다 영생을 얻게 하려 하심이니라

16 하나님이 세상을 이처럼 사랑하사 독생자를 주셨으니 이는 그를 믿는 자마다 멸망하지 않고 영생을 얻게 하려 하심이라

17 하나님이 그 아들을 세상에 보내신 것은 세상을 심판하려 하심이 아니요 그로 말미암아 세상이 구원을 받게 하려 하심이라

18 그를 믿는 자는 심판을 받지 아니하는 것이요 믿지 아니하는 자는 하나님의 독생자의 이름을 믿지 아니하므로 벌써 심판을 받은 것이니라

* 그리스도 예수님이 십자가에 달리신 것은 무엇을 위한 것이라 했습니까?

* 하나님이 그 아들을 세상에 보내신 목적은 무엇이라 했습니까?

* 그리스도 예수를 믿지 않음의 결과는 무엇입니까?

* 하늘에서 내려온 자 곧 인자는 누구를 가리키는 것입니까?

해마다 수학능력시험과 대학 입시 때가 되면, 수험생들은 물론이고 학부모들은 긴장 속의 나날을 보냅니다. 부모님들은 자식을 좋은 대학에 보내기 위해 자식의 종이 되어 삽니다. 하고 싶은 말도 하지 못하고, 예민해진 수험생 눈치만 보며 전전긍긍합니다. 그뿐만 아니라 엄청난 경제적 출혈까지 감당합니다. 그렇게 자식이 잘되는 일이라면 부모님들은 거의 맹목적으로 희생합니다.

그러나 그렇게 한다고 자식이 잘된다는 보장도 없습니다. 자식이 잘되는 게 부모에게는 보람이지만, 그것이 반드시 행복을 보증하는 것은 아닙니다. 자식이 잘된다는 것이, 성경적인 가치와 세상 사람들의 가치와는 그 기준이 다르기 때문입니다. 그런데 예수 믿고 구원받은 그리스도이면서도 세상 사람들과 똑같은 가치 기준으로 자식 잘됨을 추구하기 때문에, 오히려 하나님이 복으로 주신 자녀가 복이 되지 못하는 경우를 보게 됩니다.

마태복음 16장 17절에 시몬 베드로가 "주는 그리스도시요 살아계신 하나님의 아들이시니이다"라는 놀라운 신앙을 고백하였을 때, 예수님은 베드로에게 "…바요나 시몬아 네가 복이 있도다 이를 네게 알게 한 이는 혈육이 아니요 하늘에 계신 내 아버지시니라"고 말씀하셨습니다. 예수님을 구주로 믿는 게 복이라고 하셨습니다.

예루살렘의 권력자들이나 어떤 재력가들을 두고 '네가 복이 있다'고 하신 적이 없으십니다. 하나님의 아들 예수를 믿는 게, 복 중의 복입니다. 세상에서 좋은 대학 가고, 좋은 직장에 취직해서 돈 많이 버는 게 자녀가 잘됨이 아닙니다. 그런 것들보다 훨씬 잘됨은 자녀들이 예수를 믿는 것입니다. 예수 믿고 믿음의 사람으로 하나님의 복된 일에 쓰임 받고, 세상에서 하나님의 영광을 나타내는 것이 잘 되고 복된 것입니다.

1985년 만 90세를(1895-1985 평북 정주) 살고 세상을 떠나신 고 백낙준 박사는 미국의 명문대학인 프린스턴대학에서 신학과 역사학을 공부하였고 예일대학에서 철학박사 학위를 받았습니다. 연세대학교 초대 총장과 교육부 장관을 역임하신 분입니다. 하지만 그분의 어린 시절은 매우 불행하였습니다. 백낙준 박사의 아버지 백사경 씨는 맹인인데 점쟁이였습니다. 용한 점쟁이라는 소문이 나면서 돈을 잘 벌어, 첩을 들이는 바람에 가정은 늘 편치 못하였습니다. 거기다 맹인의 아들, 점쟁이 아들이라고 사람들로부터 항상 무시를 받았습니다.

그때는 우리나라에 기독교 복음이 전파되던 초기였습니다. 같은 마을에 사는 한 그리스도인이 점쟁이 백사경 씨한테 전도할 마음을 갖게 되었습니다. 하지만 그는 성격이 난폭하고 거칠어 접근하기가 쉽지 않았습니다. 그래서 전도자가 그의 집 앞에 지키고 있다가 그가 나오자, "당신, 예수 믿고 구원받아야 합니다. 그렇지 않으면 죽어서 지옥 갈 것이고 자식들도 다 하나님의 벌을 받게 될 것입니다"라고 말하고는 냉큼 달아났습니다. 그는 버럭 화를 내면서 지팡이를 휘둘러댔습니다. 그 후에도 그러기를 몇 차례 하였습니다.

하루는 백사경 씨가 혼자 지팡이를 더듬거리며 길을 가는데, 전도자가 다가가 또 똑같은 말을 했습니다. 그리고 성경 구절을 적은 종이 쪽지를 그의 주머니에 밀어 넣고는 얼른 피했습니다. 그 후 웬일인지 백사경 씨는 마음이 불안하고 몸이 아파지면서, 전도자가 들려준 말이 마음에서 떠나지 않았습니다. 하루는 그가 몸져누워 있는데, 문득 전도자가 자기 주머니에 무엇인가를 넣어주던 기억이 났습니다.

그래서 그것을 꺼내어 읽어 달라 하였습니다. 그 내용은 요한복음 3장 13-18절의 성경 말씀이었습니다. 성경 말씀을 듣고 나서 그는 마음이 더 불안하여 견딜 수가 없었습니다. 그래서 교회를 찾아가서 자신이 어떻게 하면 되겠느냐고 물었습니다. 그 후 그는 예수를 영접하고 믿음을 갖게 되었습니다. 그는 점쟁이를 그만두었고, 부끄럽게 번 돈으로 산 집이라고 자기 집을 팔아 그 돈으로 예배당을 지었습니다.

백사경 씨의 놀라운 변화를 지켜보았던 선교사는 그의 가족에게 예배당을 관리하는 사찰 일을 맡겼습니다. 그리고 그의 아들인 백낙준 씨를 미국 유학을 보내주었습니다. 예수 믿음이 복이었습니다. 그는 하나님의 선한 일에 영광스럽게 쓰임 받은 것입니다.

》 예수 믿음이 복된 이유는 무엇입니까?

1
죄에서 구원받습니다

하나님은 사람을 지으실 때, 아주 특별하게 지으셨습니다. 육체만 있게 지으셨으면, 그것은 동물일 것입니다. 영혼만 있게 지으셨으면, 그것은 천사일 것입니다. 그런데 하나님은 사람을 영혼과 육체를 함께 가진 존재로 지으셨습니다. 그러므로 인간은 천사와도 구별되고, 동물과도 구별되는 것입니다. 인간이 영혼을 가진 존재라는 것은 곧 영이신 하나님을 알고, 하나님을 섬길 수 있는 존재 목적과 하나님을 떠나서 살 수 없는 존재라는 뜻입니다.

그런데 인류의 시조 아담이 하나님의 말씀을 거역하고 범죄하였습니다. 그 결과 타락하여, 하나님을 잃어버렸고 알 수 없게 된 것입니다. 죄 때문에 죽음의 운명을 가지게 되었습니다(영적 죽음, 육체적 죽음). 육체적 죽음 후에는 영혼이 죄 때문에 영원한 지옥에 들어가게 됩니다(영원한 죽음).

지옥은 형벌을 받는 영혼의 감옥입니다. 사람이 100년도 안 되는 일생을 마치면, 영원한 형벌을 받게 됩니다. 저는 군대에서 몸을 다쳐서 군병원에 1년 넘도록 입원한 적이 있었는데, 그곳에서 지옥을 경험할 수 있었습니다. 20병상이 있는 군병원 중환자실에는 월남전 말기에 후송되어 온 부상병들로 가득하였습니다. 그 젊은 병사들이 중상으로 사경을 헤매었고, 하체가 모두 잘린 병사들도 있었습니다. 그 절망감과 고통은 이루 말할 수 없는 것입니다. 한밤중이 되면 고통은 더 심해졌습니다. 신음소리, 고통으로 절규하는 소리, 엄마를 부르는 소리, 살려달라고 부르짖는 아우성…, 한마디로 아비규환이었습니다. 저는 그 현장을 보면서 소름 끼치는 전율을 느꼈습니다.

하지만 성경에서 가르치는 지옥은 그것과는 비교도 할 수 없을 정도로 끔찍한 고통이 따르는 곳일 것입니다. 사람은 죄 때문에 죽음 후에는 그 영혼이 심판을 받고 지옥에 들어갑니다.

"한번 죽는 것은 사람에게 정해진 것이요 그 후에는 심판이 있으리니" 히 9:27

예수님을 믿으면 죄 사함을 받습니다. 죄가 해결되어야 죽음의 문제가 해결되고, 지옥 불에 들어가는 문제가 해결되는 것입니다. 하지만 인간은 스스로 자기 죄를 해결할 수 없습니다. 사람들은 보통 세상 사는 동안 어려운 사람들에게 사랑도 베풀고 좀 선량하게 살며 종교적인 신앙을 가지고 공덕을 쌓고 자기를 수련하면, 죄가 해결되고 나중에 좋은 곳에 가지 않겠나 하며 막연히 생각합니다. 그럴 수 있다면 얼마나 좋겠습니까?

하지만 성경에 가르치기를 결코 그럴 수 없다고 하였습니다. "구스인이 그의 피부를, 표범이 그의 반점을 변하게 할 수 있느냐 할 수 있을진대 악에 익숙한 너희도 선을 행할 수 있으리라" 하였습니다(렘 13:23).

구스인은 아프리카 인종인 흑인을 말합니다. 흑인이 그 피부를 희게 할 수 있습니까? 표범의 검은 얼룩점을 지울 수 있습니까? 무엇으로도 그것은 불가능합니다. 그것처럼 인간이 스스로 죄 문제를 해결할 수 없다는 것입니다. 하지만 예수 믿으면 죄 사함을 받습니다. 죄가 해결됩니다. 예수님이 우리를 대신하여 우리 모두의 죄를 담당하셨기 때문입니다. 그러므로 예수를 믿기만 하면, 죄 사함을 받습니다. 영원히 죄 문제가 해결되는 것입니다.

"또 그들의 죄와 그들의 불법을 내가 다시 기억하지 아니하리라 하셨으니, 이것들을 사하셨은즉 다시 죄를 위하여 제사 드릴 것이 없느니라" 히 10:17-18

2
예수님을 믿으면
영생의 복을 받습니다

"하나님이 세상을 이처럼 사랑하사 독생자를 주셨으니 이는 저를 믿는 자마다 멸망치 않고 영생을 얻게 하려 하심이라" 요 3:16

영생을 얻었다는 것은 새 생명을 얻음입니다. 육체의 생명이 아닌, 영적인 생명이며 영원한 생명입니다.

그것은 예수님의 생명에 동참하는 것입니다. 예수님을 믿는 것을 가리켜 성경에서 예수님에게 접붙임을 받는 것이라 하였습니다(롬 11:17). 감귤은 제주도 대표 특산품입니다. 감귤나무는 접붙임을 통해서 만들어진다고 합니다. 감귤을 먹고 그 씨를 심어서 싹이 나고 자라도, 거기에는 감귤이 달리지 않는다고 합니다. 줄기를 잘라버리고 그곳에 감귤나무 가지를 잘라서 접붙임을 해야만, 감귤나무가 되는 것입니다. 그것처럼 우리는 믿음으로 예수님에게 접붙임을 받았으니, 예수님의 생명을 공급받게 된 것입니다. 그것이 영생입니다.

영생은 죽음을 초월하는 참 생명입니다. 죽음의 지배를 받는 생명은 참 생명이 아닙니다. 그래서 예수님은 "내가 곧 길이요 진리요 생명이니 나로 말미암지 않고는 아버지께로 올 자가 없느니라" 하셨고(요 14:6), "예수께서 이르시되 나는 부활이요 생명이니 나를 믿는 자는 죽어도 살겠고, 무릇 살아서 나를 믿는 자는 영원히 죽지 아니하리니 이것을 네가 믿느냐" 하셨습니다(요 11:25-26).

예수님은 참 생명이기에 십자가에 달려 죽임당하셨지만, 사흘 만에 부활하셨습니다. 그는 부활을 통해 참 생명이심을 증명하신 것입니다. 그는 사망에 매여 있을 수 없었다고 하였습니다(행 2:24). 그리스도 예수를 믿고 그의 생명에 참여한 영생이기에, 그리스도인들은 예수님과 같은 몸으로 부활할 소망을 갖게 됩니다(고전 15:16, 20, 21).

영생을 얻은 것은 천국에 들어가게 되었다는 것입니다. 즉 영생은 천국에 들어가는 생명입니다. 예수님은 말씀하시기를, "살리는 것은 영이니 육은 무익하니라" 하셨고(요 6:63), "혈과 육은 하나님의 나라를 유업으로 받을 수 없다" 하셨습니다(고전 15:50). 천국에 들어가려면, 영적인 새 생명을 얻어야 합니다. 천국은 하나님의 나라요, 의로운 나라요, 생명과 안식과 평강이 있는 낙원입니다. 그곳은 늙고 병듦과 죽음이 없으며 슬픔이나 고통이 없는 곳이라 하였습니다. 그곳은 사람의 말로 도무지 표현할 수 없는 곳이라 하였습니다. 예수 믿으면 영생을 얻고 하나님의 나라 천국을 유업으로 받습니다.

예수 믿고 영생을 얻은 사람은 육체의 죽음이 두렵지 않습니다. 언제 어떻게 죽음이 닥칠지 알 수 없지만, 언제 어떻게 죽음이 닥쳐도 조금도 두렵지 않습니다. 천국 영생을 얻기 때문입니다. 어떤 청년이 군에서 제대하고 제게 인사를 왔었습니다. 그 청년은 군 생활을 마쳤다고 기뻐했습니다. 그 기쁨은 군대를 갔다 온 사람들은 다 느꼈을 것입니다. 제대할 때 얼마나 마음이 설렜는지 모릅니다. 그동안 한 곳에 거하며 한솥밥을 먹으며 동고동락했던 동료들과 헤어지는 일인데, 그렇게 좋을 수가 있을까요? 그것은 제대하면 그것이 끝이 아니기 때문입니다. 또 다른 삶과 희망이 있기 때문입니다.

그것처럼 그리스도를 믿고 구원받은 사람은 육체의 죽음을 맞을지라도 그것을 비통해 하지 않습니다. 가족과 사별하는 슬픔은 있지만, 그것은 비통한 슬픔이 아닙니다. 영생을 얻은 사람에게 죽음은 끝이 아니라는 것을 알기 때문입니다. 하나님의 나라 천국에 들어가 영생복락을 누릴 소망이 있기 때문입니다. 예수님을 믿으면 영생의 복을 받습니다.

3
예수님을 믿으면
하나님의 자녀가 되는 복을 받습니다

"영접하는 자 곧 그 이름을 믿는 자에게는 하나님의 자녀가 되는 권세를 주셨으니" 요 :12

예수님을 믿으면 영생을 얻을 뿐만 아니라 하나님의 자녀가 됩니다. 그것은 예수 믿음으로 얻는 하나님의 은혜입니다. 만물의 주가 되시며, 복되신 하나님의 자녀가 되는 것입니다. 그것은 엄청난 축복이며 행복입니다.

어떤 청년이 아버지는 얼굴도 모르고, 엄마는 어려서 세상을 떠났습니다. 홀로 어렵게 자랐기에, 공부도 제대로 할 수 없었습니다. 그런 자신의 처지 때문에 어디서나 항상 무시를 당하는 게 일상이었습니다. 원하는 사람과 사랑도 할 수 없었습니다. 그래서 그 청년은 늘 표정이 어둡고 우울했습니다.

그런데 그를 찾는 할아버지가 있었습니다. 그 할아버지는 재벌회사의 회장이었습니다. 그 청년은 그 회장님의 손자였던 것입니다. 할아버지로부터 찾은 바 된 청년은 이제 신분도 생활도 환경도 모든 것이 송두리째 달라졌습니다. 이 말씀을 들으면서 어디서 본 듯한 생각이 들지 않습니까? 그렇습니다. MBC TV 연속극 〈그 여자네 집〉에 나오는 '준희'라는 청년의 이야기입니다.

우리는 하나님의 자녀로 찾은 바 된 것입니다. 하나님의 자녀가 되었다는 것은 이제 모든 것이 달라졌음을 의미합니다. 그게 복입니다. 이제부터는 하나님을 섬길 뿐만 아니라 복되신 하나님의 모든 은혜를 누릴 수 있는 대상자가 되었다는 뜻입니다. 자녀는 그 부모님의 모든 것을 함께 누릴 수 있습니다. **하나님의 자녀가 되었기 때문에 하나님의 나라 천국을 유업으로 받습니다.**

천국은 하나님의 자녀들만이 들어가게 됩니다. 우리 한국인은 피부색이 노란 황인종입니다. 동양인의 얼굴형은 둥글넓적하고, 눈은 작고, 코는 뭉툭하고 낮아 윤곽이 뚜렷하지 않습니다. 그래서 한국 여성들이 세계에서 가장 많은 성형수술을 한다고 합니다. 쌍꺼풀을 만들고, 코를 높이고, 광대뼈를 깎아냅니다. 그런다고 서양 사람이 되는 것도 아닌데 말입니다. 우리가 이런 동양인 황인종으로 태어난 것은 무엇 때문입니까? 우리가 원해서 그리된 것입니까? 그것은 우리가 한국인을 부모님으로 하였기 때문입니다.

　만약 우리 중에 누가 서양 백인의 부모님으로 말미암아 출생하였다면, 틀림없이 백인이었을 것입니다. 그것처럼 죄인으로 이 세상을 마치고 천국에 이르면 누구든지 '죄인'으로 납니다. 그 죄로 말미암아 지옥 불에 들어갑니다. 하지만 예수 믿으면, 예수님으로 말미암아 나기 때문에 천국으로 나는 것입니다. 예수 믿고 천국으로 나시기 바랍니다.

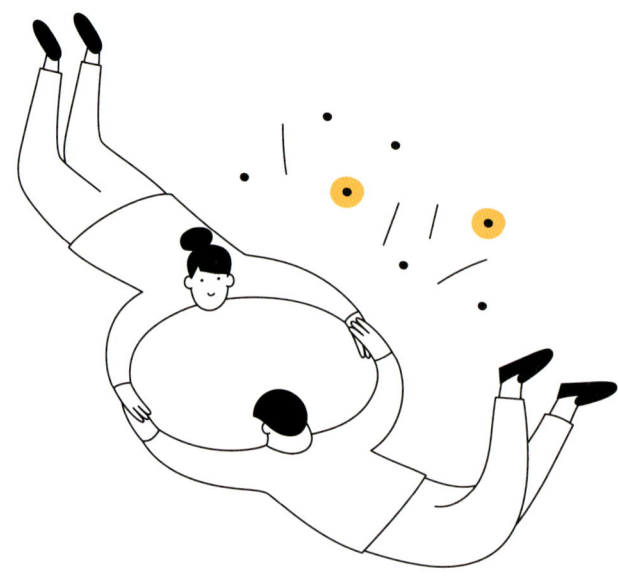

예수 믿음이 복이고 인생 성공입니다. 눈에 보이는 것들을 다 가졌다 할지라도 잠깐 지나가는 것일 뿐 모두 허망한 것입니다. 하지만 예수 믿고 구원받으면, 죄가 영원히 해결되고, 영생을 얻으며, 하나님의 자녀가 됩니다. 그리고 천국 하나님 나라를 유업으로 받습니다.

SERMON 16

문제를 통해 부흥하는 교회

사도행전 6:1-7

1 그 때에 제자가 더 많아졌는데 헬라파 유대인들이 자기의 과부들이 매일의 구제에 빠지므로 히브리파 사람을 원망하니

2 열두 사도가 모든 제자를 불러 이르되 우리가 하나님의 말씀을 제쳐 놓고 접대를 일삼는 것이 마땅하지 아니하니

3 형제들아 너희 가운데서 성령과 지혜가 충만하여 칭찬 받는 사람 일곱을 택하라 우리가 이 일을 그들에게 맡기고

4 우리는 오로지 기도하는 일과 말씀 사역에 힘쓰리라 하니

5 온 무리가 이 말을 기뻐하여 믿음과 성령이 충만한 사람 스데반과 또 빌립과 브로고로와 니가노르와 디몬과 바메나와 유대교에 입교했던 안디옥 사람 니골라를 택하여

6 사도들 앞에 세우니 사도들이 기도하고 그들에게 안수하니라

7 하나님의 말씀이 점점 왕성하여 예루살렘에 있는 제자의 수가 더 심히 많아지고 허다한 제사장의 무리도 이 도에 복종하니라

* 초대 예루살렘교회의 내적인 주요 사역 중 하나는 어떤 것이었습니까?

* 성령으로 충만했던 예루살렘교회 안에 불평과 원망이 있었다는 것은 어떤 의미입니까?

* 예루살렘교회는 문제 해결을 위해 어떤 일을 했습니까?

* 일곱 집사를 세운 결과는 어떤 것이었습니까?

1
구제하는 교회

어느 사회든지 가난하고 생활이 어려운 사람들은 다 있고, 또 항상 있습니다. 교회의 역할 중에는 구제하는 일이 빠질 수 없습니다. 구약시대부터 이스라엘 공동체는 항상 어려운 이웃을 구제하며 배려하는 일을 귀하게 여기며 감당하였습니다. 가령 추수를 할 때에도 포도나무의 열매를 마지막까지 다 따지 않고 남겨두었습니다. 곡식을 거둘 때에도 땅에 떨어진 것은 그대로 두었으며, 밭 모퉁이의 것은 항상 남겨 두었습니다. 그것은 가난한 사람들을 위한 배려였습니다. 가난한 사람들은 추수가 끝난 밭에서 땅에 떨어진 이삭을 줍거나, 모퉁이에 남겨진 것들을 거둘 수 있었습니다. 하나님 앞에 드리는 십일조에서 가난한 자들을 구제하기 위한 십일조도 있었습니다(신 14:28, 29).

교회는 밖으로도 구제하고 섬겨야 하지만, 교회 내적으로 구제를 적극적으로 해야 합니다. 구제하는 게 교회의 본질적인 사명은 아니지만, 교회의 중요한 일인 것만은 분명합니다.

여러분이 드리는 헌금은 선교와 구제를 위한 것에도 쓰여집니다. 어떤 교우들은 매월 구제헌금을 별도로 드리기도 합니다. 또 개인적으로 어려운 교우들을 구제하고 돌보는 분들도 있습니다. 국제구호단체, 특히 어린이들을 돕는 월드비전, 국제기아대책 같은 단체에 정기적으로 후원하시는 분들도 있는 줄 압니다.

교회가 공동체의 내적인 구제를 감당해야 함은, 우리가 교회를 고백하는 것과 관계가 있습니다. 우리는 교회를 그리스도의 몸으로 고백합니다. 그리스도는 그 몸의 머리이시고, 우리 모든 그리스도인들은 그리스도의 몸을 이루는 지체들입니다. 몸 안에서 어느 지체에 문제가 있으면, 그것은 그 지체만의 문제가 아닌 몸 전체의 문제가 되는 것입니다.

교회 내에서 어려움을 겪는 지체들을 외면치 않고 서로 협력하고 돌아보며 구제해야 하는 것은, 교회에 대한 우리의 고백을 진실하게 하는 것입니다.

오순절 성령강림 사건 후 구성된 예루살렘교회는 다양한 사람들이 교회 공동체에 들어왔습니다. 그들 중에는 과부들도 적지 않았습니다. 그 당시는 남성 위주의 사회였습니다. 모든 사회활동이나 경제활동은 남성 중심으로 이루어졌습니다. 그런 사회에서 과부는 대부분 경제적으로 가난할 수밖에 없었습니다. 그들이 교회에 참여함으로 교회는 그들을 돌아보지 않을 수 없었습니다.

"매일 구제"라고 했으니, 교회는 매일 먹을 것과 입을 것을 과부들에게 공급했다는 것을 알 수 있습니다. 혜택을 입어야 할 대상은 많은데, 아직 교회는 그들을 충분히 돌아볼 수 있는 형편이 아니었습니다. 성령의 강림하심 이후에 갑자기 3천 명, 5천 명이 회심하고 교회에 참여하였으므로, 교회는 아무런 제도도 조직도 갖추지 못한 상태였습니다. 사도들을 중심으로 구제하고 돌보는 일이 진행될 뿐이었습니다.

2
원망하고 불평하는 사람들

예루살렘교회가 과부들을 돌아보는 '매일 구제'를 시행하는 데에 문제가 생겼습니다. 받기를 바라는 과부들은 많은데 그들이 바라는 것만큼 충족되지 못함으로, 여기저기서 불평과 원망이 터져 나오는 것이었습니다.

당시 교회 안에는 히브리파라 불리는 유대인과 헬라파라 불리는 유대인들이 있었습니다. 그것은 유대인 사회가 그랬기 때문입니다. '히브리파'라 불리는 유대인들은 유대 땅에서 태어나 유대 땅에 살며, 유대인들의 말 즉 히브리어를 말하는 사람들이고, '헬라파'는 유대인으로서 유대 땅 밖에서 살다가 유대 땅으로 돌아온 유대인들입니다. 그들은 유대인이면서 히브리 말보다는 헬라 말에 더 능통했습니다. 헬라파 유대인들은 유대 땅 밖 넓은 세상을 두루 경험한 사람들이었습니다. '히브리파, 헬라파'라는 구분이나 파벌이 존재한 것은 아니고, 사회적으로 쉽게 그렇게 불렀던 것일 뿐입니다.

교회 안에서 도움을 받아야 하는 과부들 중에도 헬라파라고 하는 사람들이 다수 있었던 것입니다. 그들이 볼 때에 매일 구제가 자기들보다는 히브리파 유대인들에게 우선된다고 느낀 것입니다. 그래서 헬라파 과부들의 입에서 불평과 원망이 터져 나온 것입니다.

아무리 유능한 사람이나 제도라도 완벽할 수는 없습니다. 그것이 인간이고 인간사회입니다. 성령으로 충만했던 예루살렘교회였음에도 그 같은 문제가 있었던 것입니다. 그것은 타락한 속성을 지닌 인간이기에 비록 구원받고 하나님의 자녀가 되었다 할지라도, 타락한 속성까지 한 번에 변화되는 것은 아니라는 것을 깨닫게 합니다.

성경은 "주는 것이 받는 것보다 복이 있다" 하였습니다(행 20:35). 주는 사람, 베푸는 사람은 늘 마음이 기쁘고 행복합니다. 그러나 더러는 받으면서도 감사가 없고, 되레 불평하고 원망하는 사람들이 있습니다. 적은 도움에도 감사하고 고마운 마음을 갖는다면, 주는 자나 받는 자 모두에게 행복이 됩니다. 하지만 더 많은 것을 기대하고 그 기대가 충족되지 못함으로 불평하게 된다면, 그래서 감사함을 모른다면 그것은 매우 불행한 일입니다. 예루살렘교회에서 불평하고 원망한 사람들은 베풀고 주는 자가 아닌, 받는 자들 중에서 있었습니다.

성경은 "범사에 감사하라"고 가르칩니다(살전 5:18). 감사하는 게 하나님의 기쁨이며, 자신에게 복이기 때문입니다.

3
일곱 집사를 세우다

사람이 살아가는 세상에는 어디에나 다 문제가 있습니다. 타락한 인간이 사는 세상이기 때문에 그렇습니다. 하나님의 거룩한 교회에 어떻게 그런 일이 있을 수 있습니까? 그렇다면 교회와 교회 밖 사회가 다른 게 뭡니까? 이렇게 반문할 수도 있을 것입니다.

그리스도 예수를 믿고 구원받은 성도들의 공동체가 교회이지만, 그 모든 지체들이 다 똑같은 정도의 믿음을 갖는 것은 아닙니다. 믿음의 정도가 모두 다릅니다. 다양한 얼굴만큼이나 교회 구성원들의 믿음의 정도도 다양합니다. 아주 성숙된 믿음의 사람이 있는가 하면, 갓 믿음을 가진 성도들도 있습니다. 그들은 마치 갓난아기와 같습니다. 영적으로 누군가의 보살핌을 받아야 하는 대상입니다. 그들은 여전히 그리스도를 믿기 전 옛사람의 모습 그대로일 것입니다.

그러니 믿음의 정도만큼이나 어떤 일에 대한 반응도 다양할 수밖에 없습니다. 그렇기 때문에 세상에 있는 문제들이 교회 안에도 다 존재하게 마련입니다.

다른 게 있다면, 그 문제를 처리하는 방법이 다르다는 것입니다. 그리스도를 믿는 믿음 안에서 문제를 받아들이고 대응하게 됩니다. 그러므로 세상에서는 감당하기 어려운 문제도 교회에서는 덕스럽게 잘 감당해 내는 것입니다. 로마서 8장 28절에, "우리가 알거니와 하나님을 사랑하는 자 곧 그의 뜻대로 부르심을 입은 자들에게는 모든 것이 합력하여 선을 이루느니라" 하였습니다. 어떤 문제든지 하나님을 사랑하는 믿음으로 받고 감당하면 다 선한 결과를 얻게 됩니다.

예루살렘교회에 문제가 발생했을 때, 사도들은 실망하지 않았습니다. '우리가 온 마음을 다해서 힘겹게 매일 구제를 감당하는데 어쩌면 저렇게 몰라줄 수 있을까?', '좋은 일을 하는데 칭찬과 격려는 못할망정 되레 불평하고 원망을 하다니!'라면서, '안 해', '이제 그만 둘거야' 하지 않았다는 것입니다.

그 일이 주님으로 말미암는 일이었기 때문입니다. 주님을 기쁘시게 하는 일이었고, 주님 앞에서 감당하는 일이었기 때문입니다. 주님의 일은 주님 앞에서 감당해야 합니다. 사람들의 반응에 따라 흔들려서는 안 됩니다.

주님을 기쁘시게 하는 일이라면, 다수의 사람들이 부정적인 반응을 보인다고 할지라도 멈추어서는 안 됩니다. 그게 믿음으로 감당하는 것입니다. 예루살렘교회는 좋은 일, 필요한 일을 감당함에서 사람들의 불평과 원망을 듣게 된 것입니다. 그렇다고 그 일을 포기하지 않앉습니다. 문제의 원인을 찾고 문제를 해결하려고 하였습니다.

　문제가 있으면 해답도 있게 마련입니다. 예루살렘교회는 일곱 집사를 세우는 것으로 문제를 해결하려고 했습니다. 문제의 원인이 사도들만으로 교회를 돌보려 하다 보니, 미처 손이 닿지 못하는 문제가 생겼던 것입니다. 그래서 일곱 집사를 세우고 '매일 구제'를 그들에게 전담시키고, 사도들은 그 일에서 떠나 보다 본질적인 기도와 말씀에 전무하였습니다. 결과는 대성공이었습니다. 7절에, "하나님의 말씀이 점점 왕성하여 예루살렘에 있는 제자의 수가 더 심히 많아지고 허다한 제사장의 무리도 이 도에 복종하니라" 하였습니다.

　예루살렘교회는 문제(위기)를 통해서 문제의 원인을 원망하는 자들에게서 찾으려 하지 않았습니다. 오히려 자기(교회)를 살피고 문제의 원인을 적극적으로 찾았던 것입니다. 그래서 문제의 원인을 찾아냈고 적극적으로 문제를 해결했던 것입니다.

　문제는 사도들만으로는 모든 교회 역할을 다 할 수 없다는 것이었습니다. 그래서 일곱 명의 집사를 세우고 그들에게 '매일 구제'를 위임하였습니다. 그 일을 그들은 잘할 수 있다는 믿음이 있었고, 재능과 충성됨이 있었기 때문입니다. 일을 나누어 맡김으로 사도들은 좀 더 본질적인 말씀 사역과 기도에 집중할 수 있었습니다. 그 결과 사도들을 통해 전파되고 가르쳐지는 하나님의 말씀은 능력이 있었고, 수많은 사람들이 회개하고 그리스도를 영접하였던 것입니다.

문제가 없으면 좋겠지만 기왕에 닥친 문제는 피하려 하지 말고 믿음 안에서 적극적으로 감당한다면, 문제는 오히려 교회를 부흥케 하는 기회가 될 것입니다.

에세이

내가 만난 목사님

김재선 목사

목사님의 말씀을 하나님께서 해주신 말씀으로 알고, 큰 용기를 내어 과감하게 회사에 사표를 내고 저의 새로운 인생을 시작하였습니다.

제가 2004년 은평구 불광동에 사랑교회를 개척한 지 1년 4개월 정도 지났을 때, 이재옥 목사님으로부터 전화가 왔습니다. 이 목사님께서 "밥은 먹고 삽니까?"라고 물으셨습니다. "예, 하나님께서 굶기지는 않으십니다"라고 대답했더니, "목회도 밥을 먹어야 할 수 있으니까 조금씩 지원하겠습니다"라고 말씀하시는 것이었습니다.

그때부터 10년 넘게 지원해주셨고, 때로는 제 아들 다윗과 요한이의 대학교 학비도 보내주셨습니다. 또 실업인선교회, 집사회, 남전도회 등에서도 지원해주셨습니다. 존경하는 이재옥 목사님과 화평교회 성도님들의 큰 사랑과 많은 배려에 진심으로 감사의 말씀을 드립니다.

좀 더 옛날로 돌아가서, 제 꽃다운(?) 나이 29세에 천호동 김정수 장로님 소유의 다가구 주택 지층으로 이사를 해서 교회를 찾고 있었는데, 김 장로님과 공영갑 권사님께서 화평교회로 인도해주셨습니다. 너무나도 좋은 교회, 훌륭한 이재옥 목사님을 만날 수 있게 해주신 하나님의 은혜와 또한 김 장로님, 공 권사님께도 감사드립니다.

예수 그리스도 복음의 진수를 열정적으로 설교하시는 이 목사님을 통해 하나님의 말씀인 성경을 바르게 이해할 수 있게 되었고, 더욱더 깨달아가면서 "주의 말씀의 맛이 내게 어찌 그리 단지요 내 입에 꿀보다 더 다니이다"(시 119:103)라고 고백하며 즐거움 속에 살게 되었습니다.

때로는 잠자다가 벌떡 일어나서 성경 말씀을 읽고 기뻐하며 감사하는 날들이 아주 많았습니다. 하나님의 크신 은혜와 이 목사님 덕분에 성경 말씀을 더욱 사랑하게 되었고, 꿀보다 더 달콤한 하나님의 사랑의 말씀에 깊이 들어가서 "항상 기뻐하라 쉬지 말고 기도하라 범사에 감사하라 이것이 그리스도 예수 안에서 너희를 향하신 하나님의 뜻이니라"(살전 5:16-18)는 말씀을 마음에 새기고 입술로 고백하며 하나님의 존귀하고 행복한 성도가 되었습니다. 하나님의 말씀은 살아있고 말씀의 능력이 나타남을 날마다 매 순간 경험하게 된 것입니다.

김재선 목사의 화평교회 집사 시절

제가 화평교회에서 안수집사(장립집사)가 되어 편집부장, 남전도회장, 중등부장, 시온중창단, 성가대 등에서 왕성하게 활동하며, 또한 현대그룹의 현대엔지니어링 과장으로 근무하던 어느 날 새벽기도를 하는 중에 문득 "내가 목사가 되면 좋겠다!"는 이상한 생각이 강하게 들었습니다. 그로부터 몇 달 동안 계속해서 그 생각이 떠나지 않았습니다.

회사에서 곧 차장으로 승진하게 될 텐데, 왜 목사가 되면 좋겠다는 생각을 끊임없이 하고 있는지 의문이 들었고 혼란스러웠습니다. 그래서 이 목사님을 찾아뵙고 조심스럽게 "제가 요즘 이런 생각 때문에 혼란스럽습니다. 어떻게 하면 좋겠습니까?"라고 상담 요청을 드렸더니, 목사님께서는 흔쾌히 "신학대학원에 진학해서 신학 공부를 하고 목사가 되세요. 김 집사님이 목사가 되면 할 일이 많을 것입니다"라고 격려해 주셨습니다.

그런 목사님의 말씀을 하나님께서 해주신 말씀으로 알고, 큰 용기를 내어 과감하게 회사에 사표를 내고 저의 새로운 인생을 시작하게 되었습니다. 아내에게는 의논도 하지 않고 큰일을 저질러 버린 것입니다. 그때 두 아들이 10살, 9살이었는데, 앞으로 어떻게 교육하고 어떻게 생계를 유지할 것인지에 대한 아무런 대책도 없이 그런 무모한 일을 저질렀으니 아내는 원망스러웠을 것입니다.

그 후 오랫동안 저희 부부 사이에는 냉랭한 기운이 감돌아 대화도 하지 못하고 각자 분방하여 기도만 하면서 지내기도 하였습니다. 그러다가 하나님의 감동하심으로 아내가 마음을 열고는, 제가 저질러 놓은 모든 일에 대해 함께 감당하며 내조하겠노라고 결단을 해주었습니다. 사실 엎질러진 물처럼 되돌릴 수 없었기에 아내가 선택할 다른 여지가 없었을 것입니다. 그렇게 해서 38세에 안양대학교 신학대학원에 진학하여 목회학 석사(M.Div.) 학위를 취득하였고, 이어서 신학 석사(Th.M.)학위를 취득하며 전도사, 강도사에 이어 목사 안수를 받고 목사가 되었습니다.

제 인생 여정에서 이런 은혜로운 변화를 갖게 된 커다란 변곡점에 바로 이 목사님이 계셨습니다. 목사님 덕분에 새로운 인생길을 걷게 되었습니다. 그리고 선택한 이 길에 후회함 없이 감사하며 담대하게 살아가고 있기에 사랑하고 존경하는 목사님께 진심으로 감사드립니다.

사랑교회를 개척하고 목회하던 중에 이재옥 목사님처럼 설교를 잘하고 싶다는 욕심이 생겼습니다. 왜냐하면 주일예배를 마치고 나면 제 아내와 아들들이 "설교 내용은 좋은데 뭔가 모르게 2% 부족한 것 같아요!"라고 지적하는 것입니다. 그런 지적을 달게 받으며 고쳐보려고 많이 애를 써봤지만, 무엇이 문제인지 알 수가 없어서 답답했습니다.

제 인생 여정에서 이런 은혜로운 변화를 갖게 된 커다란 변곡점에 이 목사님이 계셨습니다. 목사님 덕분에 새로운 인생길을 걷게 되었습니다. 그리고 선택한 이 길에 후회 없이 감사하며 담대하게 살아가고 있습니다.

그래서 부족함을 채우고자 비싼 수업료를 지불해야 하는 설교학 박사 과정에 입학하였고, 설교를 좀 더 체계적으로 공부하게 되었습니다. 그렇게 열심히 공부하면서 준비하고 설교를 했더니, 그 후로는 가족들의 "2% 부족해요!"라는 지적과 잔소리가 사라졌습니다. 할렐루야!!!

박사 과정을 마친 후 학위 논문을 들고 가장 먼저 목사님을 찾아뵈었습니다. 목사님께서는 논문을 한참 동안 읽어 보시고, "수고 많았네요. 합동신학대학원대학교에서 어려운 설교학 박사 학위를 취득하셨군요. 축하합니다!"라며 기뻐하시면서, "이제 박사님이 되셨으니 안양대학교 신학대학원에서 교수로 강의하세요. 나는 이제 강의는 그만하렵니다"라고 말씀하시는 것이었습니다.

저는 깜짝 놀라 제 귀를 의심하며, "지금 하신 말씀이 무슨 뜻입니까? 목사님께서 강의하시는 설교학 교수직을 그만두신다구요?"라고 반문했습니다. 그러자 목사님께서는 "교회 사역에 전념하며 은퇴 준비를 하려고 그럽니다"라고 하셨습니다. 그때가 2013년이었으니, 은퇴하시려면 아직 10년 정도는 남아있다고 생각했습니다. 그러나 목사님께서는 교수직을 사임하셨고, 학교에는 후임으로 저를 추천해주셨습니다. 그렇게 해서 학교의 임용 절차에 따라 한 명만 필요한 설교학 교수직에 제가 겸임교수로 임용되었으며, 이 목사님께서 세워놓으신 강의 업적에 누가 되지 않도록 열심히 최선을 다해 강의하고 있습니다.

저의 이러한 모든 과정은 하나님의 크신 은혜와 존경하는 이재옥 목사님의 한량없는 사랑과 배려로 이루어진 것입니다. 목사님 은퇴하신 후에도 건강하게 장수하시기를 기원합니다. 저희가 언제나 기댈 수 있는 거목(巨木)으로 오래오래 계셔주시기를 간절히 바라며 기도하겠습니다. 감사합니다!

* 김재선 목사는 현재 은평구 사랑교회에서 담임목사로 시무하며, 안양대학교 신학대학원 설교학 겸임교수로 재직하고 있습니다.

SERMON 17

즐거운 교회, 행복한 일꾼!

사도행전 6:1-7

1 그 때에 제자가 더 많아졌는데 헬라파 유대인들이 자기의 과부들이 매일의 구제에 빠지므로 히브리파 사람을 원망하니

2 열두 사도가 모든 제자를 불러 이르되 우리가 하나님의 말씀을 제쳐 놓고 접대를 일삼는 것이 마땅하지 아니하니

3 형제들아 너희 가운데서 성령과 지혜가 충만하여 칭찬 받는 사람 일곱을 택하라 우리가 이 일을 그들에게 맡기고

4 우리는 오로지 기도하는 일과 말씀 사역에 힘쓰리라 하니

5 온 무리가 이 말을 기뻐하여 믿음과 성령이 충만한 사람 스데반과 또 빌립과 브로고로와 니가노르와 디몬과 바메나와 유대교에 입교했던 안디옥 사람 니골라를 택하여

6 사도들 앞에 세우니 사도들이 기도하고 그들에게 안수하니라

7 하나님의 말씀이 점점 왕성하여 예루살렘에 있는 제자의 수가 더 심히 많아지고 허다한 제사장의 무리도 이 도에 복종하니라"

* 예루살렘교회의 문제는 무엇이었습니까?

....

* 일곱 집사를 세울 때 자격 조건은 무엇이었습니까?

....

* 최초 일곱 집사의 이름을 기록해 봅니다.

....

* 일곱 집사를 세운 후 사도들은 어떤 일을 했습니까?

....

　초기 예루살렘교회의 모습을 살펴보면, 놀랍게 부흥하는 교회의 모습과 그 교회를 섬기는 행복한 일꾼들을 만나게 됩니다. 교회를 섬기는 일을 위해 세움을 받은 모든 일꾼(직분자)들은 주님의 몸인 교회를 섬김에서 행복할 수 있어야 합니다. 주님의 몸을 섬김이 행복하면서, 성령의 주시는 힘으로 감당하게 되면 모든 사역이 즐겁고 행복한 것입니다.

　주님의 몸을 섬기는 사역에 아무런 어려움도 없고 문제도 없기 때문이란 말은 아닙니다. 그런 것은 없습니다. 세상에 있는 교회는 완전할 수 없기 때문입니다. 그래서 교회를 섬김에는 어려움도 있고, 듣지 말아야 할 말도 듣게 됩니다. 직분을 감당하는데 박수만 받겠다고 생각하면 착각입니다. 희생도 없고 헌신도 없고 욕먹는 일도 없다면, 그것이 어떻게 십자가를 지는 것이라 할 수 있겠습니까?

주님의 몸을 섬김이 귀한 일이란 것을 알아야 직분을 받음이 행복하게 됩니다. 그리고 헌신과 수고가 교회의 부흥으로 연결될 때 일꾼들은 행복하게 마련입니다. 예루살렘교회는 그런 교회였습니다.

1
문제에는 답도 있습니다

예루살렘교회는 '매일 구제'로 인하여 감사하는 사람들도 있었지만, 되레 불평과 원망하는 사람들도 있었습니다. 성령으로 충만하고 가장 순수한 초기 예루살렘교회에 처음으로 타락한 인간의 모습이 드러난 것입니다. 예루살렘교회에는 문제가 생겼지만, 그 같은 문제 때문에 그 일을 포기하지 않았습니다. 그 일은 필요한 일이었고, 주님이 기뻐하시는 일이었기 때문입니다.

문제의 원인을 찾고 문제의 답을 찾았던 것입니다. 모든 문제에는 답도 있게 마련입니다. 그리고 적극적으로 그 문제를 해결하려고 노력하였습니다. 믿음으로 하나님의 일을 하는 성도는 문제 때문에 주님의 일을 포기하지 않습니다. 문제를 해결하고 감당하려고 하는 것입니다.

2
일곱 집사의 자격 조건

사도들은 성도들과 업무를 나누는 게 답이라고 판단하였습니다. 사도들이 모두 감당하기에는 예루살렘교회가 너무 비대해진 것입니다. 그래서 '매일 구제'를 전담해서 감당할 일곱 명의 집사를 세우게 됩니다.

사실 신약교회의 다양한 직분들은 모두 사도들의 사역에서 분담된 것들입니다. 최초의 분담이 집사였습니다. '매일 구제'는 집사의 일이기 때문이었습니다. 그래서 집사를 세울 때 사도들은 집사의 직분에 합당한 자격 조건을 제시하였고, 그 조건에 합당한 사람들을 뽑아서 사도들이 그들에게 기도하고 안수하여 세웠다는 것입니다. 그때로부터 신약교회가 직분자들을 세울 때에 장로회가 기도하고 안수함으로

써 직분자들을 세우게 된 것입니다.

집사의 자격 조건은 "성령과 지혜가 충만하여 칭찬 듣는 사람"입니다(행 6:3).

예루살렘교회는 오순절에 주님이 약속하셨던 보혜사 성령이 강림하심으로, 드디어 세워진 최초의 교회였습니다. 본문의 이야기는 예루살렘교회의 초기를 배경으로 한 것입니다. 그렇다면 그때에 그만한 조건을 갖춘 성도들이 가능했을까 하는 의문이 남습니다. 아마도 최초의 일곱 집사는 이미 그리스도를 따르던 사도 외에 또 다른 제자들이었으며, 예수님이 승천하시고 예루살렘에 돌아와 성령의 강림을 기다리며 기도하던 120명 성도들에 속하는 사람들이었을 것입니다.

그들은 모두 오순절 성령 강림의 사건을 체험하였고, 성령의 충만을 받은 사람들이었을 것입니다. 택함을 받은 "스데반과 또 빌립과 브로고로와 니가노르와 디몬과 바메나와 유대교에 입교했던 안디옥 사람 니골라", 그들은 모두 성령 충만함을 받은 자들입니다.

성령으로 충만한 사람이란 변화된 사람입니다. 사도들을 포함하여 성령의 충만함을 받은 이전과는 전혀 다른 모습으로 그들은 변화되었습니다. "죽은 자가 어찌 살 수 있느냐? 내 손을 그 옆구리에 넣어보고, 그 손을 만져보기 전에는 믿을 수 없다"던 냉소적인 모습은 더 이상 찾아볼 수 없었습니다.

그리스도의 십자가 죽으심과 그의 부활하심을 믿는 믿음으로 충만하였고, 그들의 가슴에는 뜨거운 열정으로 가득 채워져 있었습니다. 그들은 입을 닫고 있을 수 없었습니다. 그래서 만나는 모든 사람들에게 그리스도의 십자가 죽으심과 그의 부활하심을 증거하였고, 그를 믿고 구원받으라고 외쳤던 것입니다.

지혜가 충만한 사람들이었습니다. '지혜'는 하나님의 뜻을 분별하며, 하나님의 말씀을 분별하고(고전 12:8), 하나님의 일을 감당하기 위해 반드시 필요했던 것입니다. 이 같은 지혜는 자연적인 지혜, 육신에 속한 지혜가 아니라 하나님의 성령으로 주어지는 은사로서의 지혜였습니다.

"…오직 위로부터 난 지혜는 첫째 성결하고 다음에 화평하고 관용하고 양순하며 긍휼과 선한 열매가 가득하고 편견과 거짓이 없나니, 화평하게 하는 자들은 화평으로 심어 의의 열매를 거두느니라"
약 3:13-18

주님의 몸인 교회를 섬기는 모든 직분자들은 하나님 앞에 이 같은 지혜 주시기를 구하고 간청해야 합니다. 지혜가 없으면 나름대로 하나님의 일을 한다고 했지만, 오히려 하나님의 영광을 가리고 마귀를 이롭게 하는 결과를 만들 수도 있기 때문입니다.

세 번째 조건은 **칭찬받는 사람**입니다. 교회 공동체 안에서 칭찬받는 것은 당연하지만, 교회 밖에서도 칭찬받을 수 있어야 합니다. 그것은 그리스도를 믿는 믿음이 그 삶과 인격에서 열매 맺음을 의미합니다. 인격적으로 '착함과 의로움과 진실함'이 없으면(엡 5:9), 그 주변 사람들로부터 칭찬받을 수 없기 때문입니다. 사람들은 그리스도인들이 그 입으로 하는 말보다 그리스도를 믿고 변화된 그 삶을 보기 원하기 때문입니다. 죽었다가 베드로 사도의 기도를 통해 다시 살리심을 받은 '다비다'는 많은 주변 사람들로부터 칭찬받는 사람이었습니다(행 9:36,39).

이 같은 집사의 자격 조건은 집사들만의 자격은 아닙니다. 그리스도를 믿고 구원받은 자들이라면 마땅히 그만한 믿음으로 성장하고 성숙되어야 합니다.

그래야 세상에서 빛을 발하는 그리스도의 등불이 되고, 하나님의 영광을 나타내기 때문입니다.

3
부흥하는 교회

예루살렘교회가 사도들 외에 최초로 세운 직분은 일곱 명의 '집사'였습니다. 사도들이 제시한 조건을 따라 예루살렘교회 성도들의 택함을 받은 일곱 명을 사도들이 기도하고 안수함으로 집사로 세워지게 됩니다. 이제 그들이 합당한 자격으로 세워졌는지, 정말 될 만한 사람들이 된 것인지는 그 결과가 예루살렘교회를 통해 입증되어야 합니다.

일곱 명의 집사를 세우고 그들에게 매일 구제와 봉사의 일을 전담시켰습니다. 이제 사도들은 구제와 봉사로부터 손을 떼고 '기도하는 일과 말씀 사역'에 전무하게 됩니다. 그런데 일곱 집사가 세워졌지만 그들에게 맡겨진 사역을 충실하게 감당해 주지 못한다면, 사도들은 결코 '기도와 말씀 사역'에 전무할 수 없었을 것입니다. 형식상 업무를 나누었지만, 실제로는 나누어진 게 아니기 때문입니다.

오늘날 교회에서도 마찬가지입니다. 이런저런 직분과 직책들이 주어지고 조직이 갖추어졌어도, 그것을 맡은 직분자들이 충성하지 아니하여 조직이 제대로 작동하지 못한다면 조직은 형식이 되고 있으나마나 한 것이 될 것입니다. 사실 많은 교회에서 그 같은 문제를 안고 있음을 보게 됩니다.

사도들이 일곱 집사들에게 그 일을 맡기고 다시 그 일에 신경 쓰지 않았다는 것은 일곱 집사들이 그 일을 충성스럽게 감당해 주었다는 의미가 됩니다. 그래서 사도들이 '기도하는 일과 말씀 사역'에 전념할 수 있었던 것입니다. 사도들이 기도와 말씀에 전념한 결과는 예루살렘교회의 부흥으로 이어졌습니다.

"하나님의 말씀이 점점 왕성하여 예루살렘에 있는 제자의 수가 더 심히 많아지고 허다한 제사장의 무리도 이 도에 복종하니라" 행 6:7

일곱 집사들은 문제를 해결하는 사람들이었습니다. 그래서 교회를 부흥케 하는 역할을 했던 것입니다. 교회를 섬기는 일꾼은 문제를 일으키는 사람이 아니고, 이미 발생한 문제를 해결하는 사람들입니다. 섬기던 교회에 문제가 있기 때문에 교회를 떠났다는 분들도 있습니다. 그 사정을 다 알 수는 없지만, 분명한 것은 일꾼은 문제를 피하는 사람이 아니라 문제를 적극적으로 감당하고 해결하는 사람이란 것입니다. 그들이 주인의식을 가진 교인들입니다. 그런 일꾼들이 교회를 통해 행복을 누리는 것입니다.

일꾼들은 적극적으로
교회에 보탬이 되려고 해야 합니다.
예루살렘교회는 한 마디로 부흥하는 교회였으며
교회를 섬기는 모든 일꾼들은
행복하였습니다.

에피소드

목사님과의
잊지 못할 만남

이기찬 목사

제가 이재옥 목사님을 처음 뵙게 된 것은 안양대학교 신학대학원 2학년 때 강의실에서였습니다. 목사님이 교수님으로서 오셔서 설교학 강의를 하셨어요. 어떻게 하면 말씀을 잘 전할 수 있을지 늘 고민하고 갈급함이 있던 차에 목사님의 설교학 강의는 막힌 곳을 "뻥!"하고 시원하게 뚫어주는 뚫어뻥(?) 같았으며, 메마른 땅에 내리는 단비와 같은 가르침이셨습니다.

설교를 함에 있어 많은 지경을 넓혀주심은 물론이고, 또 부족한 저를 반장으로 세워주셔서 그 강의 시간은 저에게 참으로 소중했습니다. 시간 시간마다 강의 내용을 메일로 전달받고, 그 교안을 프린트해서 수강생들에게 전달하는 아주 막중한 임무를 수행했었지요. 꼭 강의 하루 전에 교안을 주셨기 때문에 긴장의 끈을 놓을 수 없었습니다. 그래서 더 강의 말씀에 집중할 수 있어서 저에게는 참 은혜가 풍성한 시간이 되었습니다.

그뿐만 아니라 목사님은 영적으로도 갈급했지만 육적인 배고픔이 있던 신학생들에게 때마다 빵과 음료수를 제공해 주시며 주린 배를 채워주셨습니다. 마치 광야에서 가나안으로 가는 여정 속에 베푸셨던 만나와 같은 양식이었지요.

그렇게 스승과 제자로 만났던 시간이 흘러 저는 목사가 되어 목회를 감당하던 중, 이재옥 목사님이 담임하시는 화평교회로 부름을 받았습니다.

은혜 중에 은혜입니다! 왜냐하면 너무나 훌륭하신 목사님 밑에서 목회를 배우고 사역할 수 있는 기회가 목회자들에게 많지 않기 때문입니다.

그때 면접 봤을 때가 생각나네요. 보통은 예배 때 설교를 시켜보고, 검

에피소드

김병학 장로

저는 강원도 화천에서 육군 부대 보병으로 군대 생활을 보냈습니다. 제가 복무할 당시, 군목이 부족해 우리 부대 내의 입대 전 신학생이었던 군종과 각 중대의 대표들이 교회를 섬기고 있었습니다.

1994년 가을, 제가 중대 대표로 부대 교회를 섬길 때였습니다. 이재옥 목사님을 찾아뵈면서 우리 부대의 열악한 신앙생활 상황을 말씀드렸습니다. 그 후 추수감사절에 목사님께서 청년부와 함께 저희 부대를 방문하셔서 위문예배와 찬양집회를 열어 주셨습니다.

제 평생 절대 잊지 못할 너무나 감동적이고 은혜로운 시간이었습니다. 휴가 나갈 때마다 용돈도 챙겨 주시고, 멀리 군부대까지 방문해 주셨던 이재옥 목사님께 늘 감사드리며 사랑합니다!

증한 뒤에 결정하는데, 면접 보시면서 제가 대학원 때 제자인 것을 아시고는 바로 화평교회의 사역자로 뽑아주셨습니다.

담임 사모님이 "설교도 안 들어보고 뽑으시는 거예요?" 하시자, "내가 설교를 가르친 내 제자야!" 하시며 흔쾌히 부교역자로 받아주시는 목사님이 제 마음을 울렸습니다.

이재옥 목사님을 보필한 지 벌써 6년 차가 되어 갑니다. 그만큼 목사님께 목회와 설교에 대해 많은 것을 배우고, 느끼고, 경험하면서 점점 더 성장하는 저의 모습을 봅니다.

앞으로도 채울 것이 많은 저를 가르쳐 이끌어 주시기를 바랍니다. 목사님! 감사합니다.

SERMON 18

마지막 한번!

누가복음 13:6-9

6 이에 비유로 말씀하시되 한 사람이 포도원에 무화과나무를 심은 것이 있더니 와서 그 열매를 구하였으나 얻지 못한지라

7 포도원지기에게 이르되 내가 삼 년을 와서 이 무화과나무에서 열매를 구하되 얻지 못하니 찍어버리라 어찌 땅만 버리게 하겠느냐

8 대답하여 이르되 주인이여 금년에도 그대로 두소서 내가 두루 파고 거름을 주리니

9 이 후에 만일 열매가 열면 좋거니와 그렇지 않으면 찍어버리소서 하였다 하시니라

* 포도원에 무화과나무를 심은 목적은 무엇이라고 생각합니까?

* 열매 맺기를 바라며 얼마 동안이나 기다렸다고 했습니까?

* 열매 없는 무화과나무에 대한 주인의 명령은 어떤 것이었습니까?

* 포도원지기의 간청은 무엇이었습니까?

'마지막 한 번의 기회', 그 한 번에 죽느냐 사느냐가 달렸다면 당신은 그 한 번의 기회를 어떤 마음가짐과 어떤 자세로 감당하려고 하겠습니까? 본문은 예수님이 비유로 하신 말씀입니다.

당시로서는 예수님이 무화과나무를 빗대어 열매 없는 유대인들을 책망하신 것이며, 오늘을 살아가는 우리들에게는 '열매 맺는 그리스도인'을 요구하신 말씀입니다.

1
포도원의 무화과나무

포도원은 예수님이 종종 당시 유대인들 곧 이스라엘 공동체를 가리켜 말씀하셨습니다. 물론 구약시대에도 이스라엘을 가리켜 '포도원'으로 비유하기도 했습니다.

"무릇 만군의 여호와의 포도원은 이스라엘 족속이요 그가 기뻐하시는 나무는 유다 사람이라" 사 5:1-7

이스라엘은 혈통적인 아브라함의 자손으로 하나님의 선택과 부르심을 따라 조성된 구약의 교회였습니다. 예수님은 자신을 포도나무로 비유하심으로(요 15:1-5), 그에게 속한 모든 그리스도인들 곧 그리스도의 교회를 '하나님의 포도원'으로 말씀하셨습니다.

포도원에 심겨진 무화과나무는 분명한 목적을 가지고 심은 것입니다. 자연적으로 포도원에서 자라난 무화과가 아니고, 포도원 주인이 의도를 가지고 심었다고 했습니다. 그렇지 않고는 포도원에 무화과나무를 심을 이유는 없습니다.

포도원은 햇빛이 잘 들어야 합니다. 충분한 햇빛을 받아야만 포도송이가 잘 영글고 맛과 향이 좋아집니다. 그런 포도원에 무화과나무를 심으면 무화과가 자라면서 포도원에 그늘이 지게 됩니다.

포도원에 무화과나무를 심은 것은 단 하나 열매를 위한 것입니다. 그래서 주인은 매년 무화과나무에서 열매를 찾았던 것입니다. 열매를 맺지 못한다면 포도원에 심겨져 있어야 할 이유가 없습니다. 포도원 주인은 3년 동안이나 무화과나무에서 무화과를 얻고자 했습니다. 기대를 가졌지만 번번이 실망만 하게 됩니다. 무화과나무가 열매를 맺지 못했기 때문입니다.

여기서 말하는 무화과나무는 유대 땅에서 흔하게 볼 수 있는 무화과나무를 가리키는 게 아니고, 오늘날 그리스도를 믿고 따르는 우리 그리스도인들을 가리키는 것입니다.

예수님은 우리 그리스도인들이
하나님을 영화롭게 하는 열매를 맺어야
한다고 가르치십니다.

2
주인의 실망과 분노

포도원 주인은 무화과나무가 열매 맺을 때가 될 무렵부터 열매를 기대했지만, 무화과나무는 열매를 맺지 않았습니다. 그러기를 3년이나 흘렀습니다. 이제 더 이상 기대할 게 없다고 판단한 주인은 포도원지기에게 무화과나무를 찍어버리라고 하였습니다.

"찍어버리라 어찌 땅만 버리게 하겠느냐" 눅 13:7

열매 맺지 못하는 무화과나무는 포도원의 땅만 버릴 뿐입니다.

포도원 주인이 무화과나무에서 열매 맺기를 기대하듯이, 당시 유대인들 즉 혈통적인 아브라함의 자손임을 자부하는 그들에게 하나님은 합당한 열매로 거룩한 백성됨을 입증하라고 말씀하시는 것입니다. 예수님은 말씀하셨습니다.

"그러므로 회개에 합당한 열매를 맺고, 속으로 아브라함이 우리 조상이라고 생각하지 말라 내가 너희에게 이르노니 하나님이 능히 이 돌들로도 아브라함의 자손이 되게 하시리라. 이미 도끼가 나무 뿌리

에 놓였으니 좋은 열매를 맺지 아니하는 나무마다 찍혀 불에 던져지리라" 마 3:8-10

예수님은 열매 맺지 못하는 무화과나무 같은 이스라엘은 이미 그 가치를 상실하였다는 것을 말씀하신 것입니다. 마지막 기회를 외면했던 이스라엘은 결국 찍혀지고 말았습니다(롬 11:17, 21).

열매 없는 무화과나무의 비유를 통해 예수님은 오늘날의 성도들 즉 그리스도를 믿고 구원받은 우리들에게 거룩한 열매를 맺어야 한다는 메시지를 주고 있습니다. 무화과나무의 가치는 열매 맺음에 있듯이 그리스도인들의 가치 또한 거룩한 열매를 맺음에 있습니다.

성경은 우리 그리스도인들에게서 맺어져야 하는 열매에 대하여 '회개에 합당한 열매' '성령의 열매' '빛의 열매'를 가르칩니다. 이 같은 것들을 한마디로 요약하면, 그리스도 안에서 우리 인격과 삶의 변화를 요구하는 것입니다. 곧 옛사람과 달라진 새사람을 입어야 된다는 말씀입니다.

"너희는 유혹의 욕심을 따라 썩어져 가는 구습을 따르는 옛 사람을 벗어 버리고, 오직 너희의 심령이 새롭게 되어, 하나님을 따라 의와 진리의 거룩함으로 지으심을 받은 새 사람을 입으라" 엡 4:22-24

그리스도 예수를 믿고 구원받은 그리스도인들은 날마다 그리스도 예수를 본받고 닮아가는 변화를 나타내야 합니다.

그것은 우리가 그리스도에게 속했기 때문이며, 그의 생명을 공급받고 있기 때문입니다. 이 같은 열매 맺음이 없다면 그것은 '하나님의 은혜를 헛되이 받은 것'이며, 하나님의 기대를 저버리는 것입니다.

3
금년만 그대로 두소서

"주인이여 금년에도 그대로 두소서 내가 두루 파고 거름을 주리니, 이 후에 만일 열매가 열면 좋거니와 그렇지 않으면 찍어버리소서 하였다 하시니라" 눅 13:8-9

열매 맺지 못하는 무화과나무에 대한 주인의 분노함을 알지만, 농부는 다시 한 번만 무화과나무에 기회를 주자고 간청하는 것입니다. 농부는 간청하면서, 그러면 제가 무화과나무 주변을 두루 파고 거름을 주어 가꾸겠다고 하였습니다. 아마도 이 농부는 그 포도원에 작은 무화과나무를 심었던 사람일 것입니다. 그리고 몇 해 동안 정성을 들여 가꾸었던 농부임이 틀림없습니다.

주인의 분노함을 알면서도 마지막 한 번의 기회를 구하는 이 농부는 우리를 위해 십자가를 지신 예수님의 모습입니다. 그리스도 예수님은 십자가에 달려 피 흘려 죽으심으로 우리에게 구원의 길을 열어 주셨습니다. 하나님의 포도원에 무화과나무를 심듯, 우리를 하나님의 포도원에 심으신 것입니다. 그리고 그리스도 예수님은 당연히 우리가 거룩한 열매 맺기를 바라십니다.

하지만 오늘 우리들의 모습은 어떻습니까? 얼마나 변화되었습니까? 여러분의 삶에서 그리스도 예수님의 모습이 얼마나 드러나고 있습니까? 성도다움이 충분합니까? 그리스도를 영접하고 신앙생활을 시작한 게 한참 되었음에도 아직 그다지 변한 게 없다면, 거룩한 열매를 주님에게 드릴 게 없다면, 우리는 가치를 상실한 무화과나무와 같습니다. 어쩌면 찍어내야 마땅할 것입니다.

그런데 농부이신 예수님은 다시 한 번의 기회를 요청하십니다. "금년만", 다시 없는 마지막 기회입니다.

주님은 우리가 열매 맺기를 바라시지만 않습니다. 보혜사 성령을 통해 두루 파고 거름을 주며, 말씀과 은혜를 통해 적극적으로 가꾸십니다.

기회를 놓치지 말아야 합니다!

지금 우리는 마지막 환난의 시대를 살고 있습니다.
입으로만 '주여, 주여' 할 때가 아닙니다.
찍혀 불에 던져지기 전에 하나님 앞에서
자신을 성찰해야 합니다.
무엇 때문에 열매 맺지 못하는지 발견해야 합니다.
하나님 앞에서 완악하고 거칠어진 자신을
두루 파헤쳐야 합니다.

교만을 파헤치고, 악하고 거짓된 것,
불의하고 죄악 된 것들을 다 파헤쳐야 합니다.
고집스럽고 완악함을 파헤쳐야 합니다.
'주님을 사랑합니다'라고 하면서도 여전히 세상을
뜨겁게 사랑하는 그 마음을 파헤쳐야 합니다.
주님 앞에서 자신을 살피고
자복과 회개로 파헤쳐야 합니다.

농부가 두루 파고 거름을 주듯이 파헤쳐진 심령에
하나님의 은혜가 채워지기를 간구해야 합니다.
성령의 충만함을 사모하며 간구해야 합니다.
지금은 성령의 은혜가 채워져야 할 때입니다.
파헤쳐지고 구덩이가 만들어지면
성령께서 그 구덩이에 온갖 은혜를 채울 것입니다.

핑곗거리를 찾지 말고
내가 해야 할 일을 찾아야 합니다.
나에게 주어진 마지막 한 번의 기회를 활용하여
반드시 하나님이 요구하시는
열매를 맺어야 합니다.

에피소드

목사님과의
잊지 못할 만남

이상헌 담임목사

화평교회와의 인연은 지금 캄보디아에서 선교하시는 정재훈 선교사님의 결혼식 날, 선교사님의 소개로 면접을 보면서 시작되었습니다.

돌이켜 보면 화평교회에서 사역할 수 있었던 이유는 제가 생각하기에 두 가지 큰 이유가 있었습니다.

면접을 보시면서 이재옥 목사님은 저에게 여러 질문을 많이 하셨습니다. 그리고 마지막으로 매우 중요한 질문을 한 가지 더 하셨는데, 문득 저에게 "족구 잘해요?"라고 물으신 것입니다. 평소 운동을 좋아했던 저는 선뜻 "예!"라고 대답했습니다. 족구를 잘하는 것이 교회 전임 사역을 하게 되는 데 큰 영향을 미친 첫 번째 이유였던 것입니다.

나중에 알게 된 사실인데, 이재옥 목사님은 평소 운동을 좋아하시는 분이셨고, 주말 아침마다 족구로 교역자들과 성도들 간에 좋은 소통의 만남을 이어가고 계셨던 것입니다.

목사님과 교역자들의 족구 시합

그런데 족구보다 더 중요한 이유는 따로 있었습니다. 면접이 끝나고 교회에서 연락이 없어서 잘 안 되었나보다 생각하고 있었는데, 며칠 후 목사님이 아침 직원회의 시간에 전화를 주셨습니다. 통화하면서 목사님은 또 한 가지를 물으셨습니다.

"사모님이 지휘할 수 있어요?"라고 두 번째 질문을 하신 겁니다.

저는 또 "예!"라고 자신 있게 대답했습니다. 아내인 김은숙 사모가 지휘를 할 수 있다고 하니 목사님은 바로 "그럼 화평교회에 사역하러 오십시오"라고 하시는 것이었습니다.

이것 또한 나중에 화평교회에 와서 알게 것인데, 목사님이 찬양을 좋아하셔서 교회에는 다양한 모습의 찬양대(합창, 클래식, 복음성가 찬양팀)가 활동하고 있었습니다.

제가 화평교회와 이렇게 긴 시간을 함께할 수 있게 된 첫 시작은 좋아하는 운동인 '족구'와 아내의 '지휘' 실력이었던 것입니다. 목사님께서 가끔 '암소는 밭을 갈아서 먹는다'라고 말씀하시는 것처럼, 저는 아내의 도움으로 전임 사역을 할 수 있게 되었습니다.

화평교회 성도 간의 친밀한 교제와 은혜로운 찬양이 모두 이재옥 목사님의 오랜 사역하심 가운데 꽃피운 것이 아니었나 새삼 느끼게 됩니다.

SERMON 19

시몬을 청하라!

사도행전 10:1-8

1 가이사랴에 고넬료라 하는 사람이 있으니 이달리야 부대라 하는 군대의 백부장이라

2 그가 경건하여 온 집안과 더불어 하나님을 경외하며 백성을 많이 구제하고 하나님께 항상 기도하더니

3 하루는 제 구 시쯤 되어 환상 중에 밝히 보매 하나님의 사자가 들어와 이르되 고넬료야 하니

4 고넬료가 주목하여 보고 두려워 이르되 주여 무슨 일이니이까 천사가 이르되 네 기도와 구제가 하나님 앞에 상달되어 기억하신 바가 되었으니

5 네가 지금 사람들을 욥바에 보내어 베드로라 하는 시몬을 청하라

6 그는 무두장이 시몬의 집에 유숙하니 그 집은 해변에 있다 하더라

7 마침 말하던 천사가 떠나매 고넬료가 집안 하인 둘과 부하 가운데 경건한 사람 하나를 불러

8 이 일을 다 이르고 욥바로 보내니라

* 고넬료는 어떤 신분의 사람입니까?

* 고넬료의 경건은 어떻게 나타났습니까?

* 천사가 고넬료에게 일러준 말은 무엇입니까?

　1)

　2)

　세상에 살아가는 수많은 사람들 중에서 여호와 하나님이 눈여겨 보시는 사람이 된다면 얼마나 귀하고 복된 일이겠습니까? 고넬료는 그런 사람이었습니다. 유대 땅에 상주하는 로마 군대의 백부장으로 그는 이방인이었지만, 하나님은 모든 사람들 중에서 그를 눈여겨보셨던 것입니다.

　우리는 지금 환난 시대를 살고 있습니다. 환난 시대는 미래를 예측할 수 없다는 의미입니다. 언제 어디에서 어떤 일을 만날는지 알 수 없는 그런 시대를 살아가는 것입니다. 그러나 환난 시대라 할지라도 여호와 하나님이 눈여겨보는 사람이라면, 아무것도 걱정할 게 없습니다. 이보다 더 복된 사람은 없을 것입니다.

1
복 받을 그릇이
준비된 사람 고넬료

고넬료는 이방인이었지만 그는 하나님을 경외하는 자였고, 그래서 백성을 많이 구제하고, 항상 기도하였다고 했습니다(행 10:2). 특히 백성을 많이 구제하였다는 것은 그가 주둔하고 있는 유대 땅에서 유대 백성들을 구제하였다는 것입니다. 그는 식민지에 주둔한 군대 장교이면서 식민지 백성들을 구제한 것입니다. 그는 결코 쉽지 않은 일을 하였던 것입니다.

하나님이 주시는 복은 복을 받을 만한 그릇이 준비된 자에게 주십니다. 예수 믿고 구원받은 그리스도인이 된 게, 크고 놀라운 복을 받은 것입니다.

구원받은 하나님의 자녀들은 이 땅에 살아가는 동안 다양하게 하나님의 쓰임을 받습니다. 그것이 또한 복입니다. 어떤 사람은 경제적으로 풍요함을 누리며 그것으로 하나님 나라에 쓰임을 받고, 어떤 사람은 남다른 건강과 체력으로 하나님 나라에 쓰여집니다. 또 어떤 사람들은 그들의 사회적 지위와 권위를 통해 하나님 나라에 쓰여집니다. 준비된 그릇들이 하나님 나라를 위해 쓰여지는 것입니다. 고넬료는 그런 사람이었습니다.

† **고넬료의 기도와 구제가 상달되어 기억하신 바 되었습니다.**

기도와 구제는 모두 하나님을 기쁘시게 하는 것으로 복된 일입니다. 이 같은 복된 일들은 또한 복되게 감당해야 합니다.

예수님 당시 유대 바리새인들은 더 많이 구제하고 더 많은 기도를 하였습니다. 하지만 그들의 기도와 구제를 예수님은 인정하지 않았습니다. 왜냐하면 그들의 그런 것은 외식이었기 때문입니다.

신앙에서 외식이란 자기를 사람들에게 보이기 위하여 신앙 행위를 하는 것입니다. 그들은 하나님 앞에서 하나님을 상대로 기도하고 구제한 게 아니고, 사람들에게 자신의 경건을 과시하기 위해 사람들이 보는 앞에서 기도하고 구제하는 일로 나팔을 불었던 것입니다. 똑같은 행위를 했을지라도 외식하게 되면 그것은 하나님의 기쁨이 될 수 없으며, 복된 것도 아닙니다.

† **"기도와 구제"는 서로 관계가 있습니다.**

이사야 58장 7-10절의 말씀을 보면, "또 주린 자에게 네 양식을 나누어 주며 유리하는 빈민을 집에 들이며 헐벗은 자를 보면 입히며 또 네 골육을 피하여 스스로 숨지 아니하는 것이 아니겠느냐, 그리하면 네 빛이 새벽 같이 비칠 것이며 네 치유가 급속할 것이며 네 공의가 네 앞에 행하고 여호와의 영광이 네 뒤에 호위하리니, 네가 부를 때에는 나 여호와가 응답하겠고 네가 부르짖을 때에는 내가 여기 있다 하리라 만일 네가 너희 중에서 멍에와 손가락질과 허망한 말을 제하여 버리고" 라고 하였습니다.

"네가 부를 때에는 나 여호와가 응답하겠고 네가 부르짖을 때에는 내가 여기 있다 하리라", 하나님이 기뻐하시고 즐겁게 응답하시는 기도는 그의 구제하는 일과 관계가 있음을 말씀하신 것입니다.

구제가 없는 기도는 어쩌면 욕심으로 구하는 것일 수 있습니다. 일상적으로 이웃을 돌아보고 어려운 이웃을 구제하고 섬김으로 하나님의 기쁨이 될 때, 그의 구하는 것이나 기도가 하나님 앞에 상달하고 응답받는 것입니다.

2
천사의 내방

기도하는 고넬료에게 하나님의 천사가 내방하였습니다. 천사는 하나님의 보냄을 받은 사자였습니다. 천사가 고넬료를 찾아 임하였다는 것은 하나님의 특별하고 복된 목적이 있음을 의미합니다. 하나님의 천사가 임하는 것은 언제나 복된 것이었습니다. 천사가 아브라함에게 찾아오셨던 것도, 벧엘에서 노숙하던 야곱을 찾아오신 것도, 제사장 사가랴를 찾아 만나주신 것도, 요셉과 마리아를 찾아 만나주심도 모두 복된 목적이었습니다. 고넬료를 찾아온 것도 마찬가지로 복된 목적 안에서 하나님의 보냄을 받은 것입니다.

하나님은 복된 목적 안에서 천사들을 사자로 보내시기도 하지만, 때로는 거룩한 말씀으로 듣고 깨닫게도 하시고, 하나님의 구별된 종들을 통하여 내방하기도 하는 것입니다(왕하 4:8-37).

† **고넬료가 기도하는 그 시간에 천사가 내방하였습니다.**

"제 구 시쯤 되어", 유대인들은 보통 하루에 세 번 기도하는 시간을 갖습니다. 제3시, 제6시, 제9시로 9시는 오후 3시쯤 됩니다. 고넬료는 유대인의 전통을 따라 하루 세 번씩 기도하였다는 것을 짐작하게 합니다. 기도는 하나님을 앙망하며 교통하는 것입니다.

성경은 하나님의 사람들에게 적극적으로 기도할 것을 가르칩니다. 그래서 경건한 사람들은 모두 하나같이 기도하는 사람들이었습니다. 고넬료도 기도하는 그때에 하나님의 천사가 찾아 임하였던 것입니다 (행 10:3).

기도의 자리를 사모하며,
기도하는 맛을 아는
그리스도인이 되어야 합니다.

3
시몬 베드로를 청하라

하나님의 천사가 내방하여 고넬료에게 전한 말씀은 두 가지였습니다. 먼저는 "네 기도와 구제가 상달하여 기억하신 바가 되었다" 하신 것이고(행 10:4), 두 번째는 "사람들을 욥바로 보내어 시몬 베드로를 청하라" 한 것입니다(행 10:5).

† 복음을 듣게 하시려고.

시몬 베드로를 청하라 하신 것은 그를 통하여 구원의 복음을 들어야 한다는 것입니다. 하나님은 고넬료와 그의 가족들이 복음을 듣고 그리스도 예수를 믿어 구원받기를 원하셨던 것입니다(행 10:34-43).

구원은 오직 그리스도 예수를 믿음으로만이 얻는 은혜입니다(엡 2:8). 다른 길과 다른 방법이 없습니다. 그리스도 예수를 믿는 믿음은 그리스도의 복음을 들음에서 얻게 됩니다.

"누구든지 주의 이름을 부르는 자는 구원을 받으리라. 그런즉 그들이 믿지 아니하는 이를 어찌 부르리요 듣지도 못한 이를 어찌 믿으리요 전파하는 자가 없이 어찌 들으리요. 보내심을 받지 아니하였으면 어찌 전파하리요 기록된 바 아름답도다 좋은 소식을 전하는 자들의 발이여 함과 같으니라" 롬 10:13-15

"그러므로 믿음은 들음에서 나며 들음은 그리스도의 말씀으로 말미암았느니라" 롬 10:17

시몬 베드로는 고넬료의 집에서 오직 그리스도 예수님의 십자가 죽으심과 부활하셨다는 구원의 복음을 전하였습니다. **복음을 전파하는 것은 그리스도를 믿고 구원받은 그리스도인들만이 할 수 있는 하나님의 특권입니다.**

천사가 고넬료를 내방하였지만, 천사는 복음을 전하지 않았습니다. 시몬을 청하라고만 하였습니다. 복음을 전파하는 것은 믿고 구원받은 그리스도인이 아니면 전할 수 없습니다. 하나님은 우리들의 전도를 통하여 구원의 일을 하시는 것입니다.

"하나님의 지혜에 있어서는 이 세상이 자기 지혜로 하나님을 알지 못하므로 하나님께서 전도의 미련한 것으로 믿는 자들을 구원하시기를 기뻐하셨도다" 고전 1:21

† **고넬료의 집에 구원이 임하였습니다.**

고넬료가 베드로를 청하였을 때. 그는 온 가족들과 친구들을 불러 모아놓고 있었습니다. 베드로를 통해 그리스도의 십자가와 부활의 복음이 들려졌을 때 고넬료는 즉시 그리스도를 영접하였고, 그와 함께한 모든 사람들이 하나같이 그리스도를 믿고 영접하였습니다. 하나님의 구원이 고넬료와 그의 온 집에 임한 것입니다(행 10:47-48).

누구든지 그리스도 예수를 영접하면 죄와 멸망에서 구원을 받습니다. 하나님의 이 같은 구원에는 유대인과 이방인의 차별이 없습니다.

† **성령이 임하였습니다.**

"베드로가 이 말을 할 때에 성령이 말씀 듣는 모든 사람에게 내려오시니, 베드로와 함께 온 할례 받은 신자들이 이방인들에게도 성령 부어 주심으로 말미암아 놀라니, 이는 방언을 말하며 하나님 높임을 들음이러라" 행 10:44-46

복음을 듣고 믿음을 고백하는 고넬료의 집 사람들에게 성령의 임재하심은, 그들이 그리스도를 믿음으로 얻은 구원을 인치시는 사건입니다.

"그가 또한 우리에게 인치시고 보증으로 우리 마음에 성령을 주셨느니라" 고후 1:22 (☆엡 4:30)

그리스도를 믿고 구원받음이 실패하지 않는 이유가 여기에 있습니다. 우리는 연약하여 항상 흔들리고 견고함이 없을지라도 하나님이 그의 도장을 찍으시고 보증하셨기 때문입니다. 할렐루야!

복음을 듣고 믿음을 얻는 것도 성령의 하시는 일입니다.

"두아디라 시에 있는 자색 옷감 장사로서 하나님을 섬기는 루디아라 하는 한 여자가 말을 듣고 있을 때 주께서 그 마음을 열어 바울의 말을 따르게 하신지라" 행 16:14

"성령으로 아니하고는 누구든지 그리스도를 주시라 할 수 없다" 고전 12:3

복음을 듣고 우리가 마음을 열어 그리스도를 받아들이는 이 믿음은 오직 성령의 하시는 일입니다.

성령의 임하심과 충만함을 받은 고넬료의 집 사람들, 그들은 그때까지 겪어보지 못한 놀라운 감동과 기쁨을 경험하였습니다. 그 감동과 기쁨은 곧 그들의 삶에서 변화의 열매를 맺게 하는 원동력입니다.

† **세례를 주었습니다.**

"명하여 예수 그리스도의 이름으로 세례를 베풀라 하니라 그들이 베드로에게 며칠 더 머물기를 청하니라" 행 10:48

사도 베드로는 성령의 인도하심을 따라 고넬료의 집을 방문하였습니다. 사실 그것은 유대인으로서는 매우 어려운 결정이었습니다. 여러 번 망설임이 없지 않았지만, 성령께서 인도하심을 깨닫고 순종하였던 것입니다. 지금까지 이방에 복음이 전파된 일이 별로 없었기 때문입니다. 그리고 이방인들을 교회로 받아들였을 때, 유대인들이 어떻게 반응할 것인지도 알 수 없기 때문입니다. 그런데 고넬료의 집에 복음이 전파되고 그들이 하나같이 성령으로 충만함을 받는 것을 본 베드로는 그들에게 세례를 주지 않을 이유가 없었습니다. 그래서 믿음을 고백하는 그들에게 물로 세례를 주었습니다. 이미 주님이 성령으로 세례를 주셨기 때문에, 베드로는 그들에게 물로 세례를 주어 그들을 그리스도 교회의 일원으로 받아들인 것입니다.

고넬료에게 "시몬을 청하라" 말씀하신 하나님은
동시에 오늘날 우리 모든 그리스도인들에게
그리스도를 알지 못하는 세상 사람들이 그리스도의
복음을 듣기 원하며, 구원의 복음을 듣고자
기다리고 있다는 것을 말씀하시는 것입니다.

그러므로 고넬료에게 "시몬을 청하라" 말씀하신 하나님은 동시에 시몬 베드로에게 "일어나 내려가 의심하지 말고 함께 가라" 말씀하신 것입니다(행 10:20).

에피소드

목사님과의
잊지 못할 만남

강동열 목사

언제나 변함없이 화평의 강단에서 기름진 꼴로 화평의 양떼들을 먹이시며, 화평선교회들을 거느리고 인자한 얼굴로 앞장서 가실 줄만 알았는데, 그날이 오고야 말았네요. 세월은 사람을 가리지 않고 우리의 마음보다 저만치 앞서 달려가나 봅니다.

목사님은 우리들의 가슴에 새기기에는 너무나 큰 이름이었습니다. 그리스도의 제자들이 걸어가야 할 길을 삶과 교훈으로 가르치신 참 스승이셨습니다. 그리고 사랑과 용서로 품어내지 않은 사람이 없는 가슴 넓은 아비셨습니다. 나아가 목사님은 이 시대의 진실하고 선한 목자로서 선지자요 제사장으로 계셨습니다.

목사님은 예리한 지성과 포근한 덕성을 함께 품어낸 신비한 그릇의 소유자이셨습니다. 말씀의 진리를 사수하면서도 시대를 읽어내시는 능력이 탁월한 예언자셨습니다. 그러면서도 목사님은 당신의 마음의 담요가 너덜너덜해질 때까지 사람들의 허물을 덮고 또 덮는 사랑의 화신이셨습니다.

목사님은 당신을 따르는 후배 목회자들의 사표(師表)로 살아오셨습니다. 인생의 크기는 만남의 크기라더니, 목사님을 만난 우리는 행운이었습니다. 오늘 우리가 초라한 사역으로 그나마 부끄럽지 않은 이름을 얻은 것도 알고 보면 목사님을 흉내 낸 작은 몸부림에 불과했답니다.

목사님은 그리스도의 몸 된 교회를 진심으로 사랑하신 참 목사님이셨습니다. 교회가 내린 결론이라면 예외 없이 그리스도의 뜻으로 겸손히 받아

강동열 목사 가족

들이시는 거룩한 바보셨습니다. 교회에 자기 흔적 남는 것을 부끄러워하시며, 외진 곳에 작은 방 하나도 당신 이름으로 두는 것을 용납하지 않으시는 모습은 '머리 둘 곳 없어 하신' 예수님을 뵌 것 같았습니다.

개인적으로는 저희 내외와 딸이 목사님의 축복 속에 결혼식을 올려 지금의 행복을 누리고 있습니다. 그러기에 저의 손주 결혼식까지도 목사님께서 주례해주시기를 바라고 있습니다.

그날 단상에 오르셔서 "너희들이 예수님 안에서 서로 사랑하며 살라"는 한 말씀만 해 주신다면 가문의 영광으로 삼겠습니다. 그날이 오기까지 전능자께서 목사님의 영육을 강건하게 지켜주시기를 늘 기도하겠습니다.

그동안 진심으로 감사했습니다! 그리고 그거 아시는지요? 목사님의 가장 열렬한 팬이요 목사님을 가장 존경하시는 분이 바로 박영철 사모님이시라는 것을! 그리고 가장 사랑하는 이들이 자녀분들이라는 사실을!

*강동열 목사는 현재 순천화평교회에서 담임목사로 시무하고 있습니다.

목사님과의 잊지 못할 만남

SERMON 20

여호수아 24:14-18

14 그러므로 이제는 여호와를 경외하며 온전함과 진실함으로 그를 섬기라 너희의 조상들이 강 저쪽과 애굽에서 섬기던 신들을 치워 버리고 여호와만 섬기라

15 만일 여호와를 섬기는 것이 너희에게 좋지 않게 보이거든 너희 조상들이 강 저쪽에서 섬기던 신들이든지 또는 너희가 거주하는 땅에 있는 아모리 족속의 신들이든지 너희가 섬길 자를 오늘 택하라 오직 나와 내 집은 여호와를 섬기겠노라 하니

16 백성이 대답하여 이르되 우리가 결단코 여호와를 버리고 다른 신들을 섬기기를 하지 아니하오리니

17 이는 우리 하나님 여호와께서 친히 우리와 우리 조상들을 인도하여 애굽 땅 종 되었던 집에서 올라오게 하시고 우리 목전에서 그 큰 이적들을 행하시고 우리가 행한 모든 길과 우리가 지나온 모든 백성들 중에서 우리를 보호하셨음이며

18 여호와께서 또 모든 백성들과 이 땅에 거주하던 아모리 족속을 우리 앞에서 쫓아내셨음이라 그러므로 우리도 여호와를 섬기리니 그는 우리 하나님이심이니이다 하니라

* 어떻게 하나님을 섬기라 했습니까?

* 여호수아의 결단과 고백은 무엇이었습니까?

* 이스라엘 백성들은 어떤 다짐을 했습니까?

* 여호와 하나님만 섬기겠다는 다짐을 갖게 된 이유는 무엇이었습니까?

본문의 내용은 여호와 하나님의 명령을 수행하여 백성들을 이끌고 가나안에 들어가 그 땅을 정복하기를 마무리하는 시점에서 여호수아는 백성들에게, "나와 내 집은 오직 여호와만 섬길 것이다. 그러므로 너희들도 여호와 하나님만을 섬겨야 한다"라고 촉구한 것입니다. 이에 이스라엘 백성들도 오직 여호와만 섬기겠다는 다짐을 하였습니다.

우리 그리스도인들도 매일 매일의 삶에서 "나는 오늘도 오직 여호와만 섬길 것이다" "오늘도 여호와를 섬기는 믿음으로 살겠다"라는 결단과 다짐을 가질 필요가 있습니다.

1
온전함과 진실함으로
여호와를 섬기라

"이제는 여호와를 경외하며 온전함과 진실함으로 그를 섬기라"
수 24:14

이스라엘은 "하나님의 영광을 위해 선택된 백성"입니다(사 43:7). 그들은 세상 만민 중에서 여호와 하나님을 섬기는 백성들입니다. 여호와 하나님을 섬기는 것은 여호와 하나님의 택하심과 부르심을 받고 구별함을 받은 자들이 아니면 할 수 없는 것입니다. 왜냐하면 여호와 하나님은 그들에게만 자신을 계시하시고 알게 하시기 때문입니다.

우리가 하나님을 섬김에서 중요한 것은 하나님의 기쁨되는 섬김이 되어야 한다는 것입니다. 내 나름대로 성심을 다해 하나님을 섬긴다고 하나님이 기뻐하시는 게 아닙니다. 하나님을 바로 알고, 하나님이 원하시는 방법을 따라 하나님을 섬겨야 합니다.

세상의 많은 자연종교가 하나같이 인간이 어떤 '신'을 찾아가는 과정이라면, 기독교는 여호와 하나님이 우리를 찾아오셨고, 우리에게 자신을 계시하셨으며, 여호와 하나님을 섬기는 방법을 제시하신 것입니다. 오직 하나님의 요구하심과 그 뜻대로 섬길 때, 그것이 하나님의 기쁨이 됩니다.

"여호와를 경외하며", 여호와 하나님을 섬김에서 기본이 되는 게 '경외함'입니다. 여호와 하나님을 경외함이란 여호와 하나님을 인정하고, 그분을 의식하는 것에서 '두려워함'입니다. 여기서 두려워함은 하나님에 대한 공포심을 말하는 게 아닙니다. 그분을 알고, 사랑하고, 존경함으로 그분에 대하여 갖는 두려움입니다.

또한 하나님을 경외하는 것은 하나님을 의식한다는 것입니다. 살아계신 하나님을 인정하게 되면, 그분을 의식하게 마련입니다. 우리가 집 안에 있을 때의 복장과 밖에 나갈 때의 복장이 다른 것은 사람들을 의식하기 때문입니다. 그렇듯이 하나님을 의식하게 되면, 그 하나님을 경외하게 됩니다. 하나님을 의식하면 자연스럽게 말과 행동을 조심하게 되며, 사람들이 보는 데서만 아니라 언제 어디서나 항상 말과 행동을 조심하는 것입니다. 입으로는 살아계신 하나님을 고백하면서도 전혀 하나님을 의식하지 않고 살아간다면, 사실은 하나님의 살아계심을 인정하지 않는 것입니다.

"온전함과 진실함으로 그를 섬기라", '온전함'이란 하나님을 섬기는 우리들의 마음가짐을 뜻한다고 할 수 있습니다. 온전함은 마음이 나누어지지 않은 전심(全心)을 의미합니다. 야고보서 4장 8절에, "하나님을 가까이하라 그리하면 너희를 가까이하시리라 죄인들아 손을 깨끗이 하라 두 마음을 품은 자들아 마음을 성결하게 하라" 하였습니다.

하나님을 가까이하기 위해 두 마음이 아닌 전심이 되어야 한다는 것입니다. 당시 이스라엘 사람들에게 하나님이 항상 경계하시는 것은 이방 우상에 대한 것이었습니다. 타락한 인간의 본성은 보이지 않는 여호와 하나님보다 눈에 보여지는 우상에게 적극적으로 이끌리는 특성을 갖는다는 것입니다. 오늘을 살아가는 그리스도인들이 눈에 보이는 어떤 우상을 숭배하지는 않는다 할지라도 하나님을 의지하는 만큼 눈에 보이는 어떤 것들을 신뢰하고 의지하는 것이 있다면, 이 또한 온전함으로 하나님을 섬기는 것이 아닐 것입니다.

'온전함'이 마음의 문제만은 아닙니다. 믿음의 문제이기도 합니다. 히브리서 10장 22절에, "우리가 마음에 뿌림을 받아 악한 양심으로부터 벗어나고 몸은 맑은 물로 씻음을 받았으니 참 마음과 온전한 믿음으로 하나님께 나아가자" 하였습니다. 무엇이 온전한 믿음입니까?

바리새인들은 외식하는 자들이었고, 그들은 항상 '자기 경건'과 '자기 의'를 나타내기를 원했습니다. 하나님 앞에 나아감에서도 그 같은 '자기 경건과 자기 의'를 의지하였습니다. 그래서 율법 조문을 지키는 자기 행위로 구원받을 수 있다고 생각하였습니다(막 10:17-22).

온전한 믿음은 나를 조금도 의지하지 않는 것입니다. 나의 경건 생활이나 나의 의, 나의 선행, 이런 것들이 주님을 따르는 그리스도인의 삶에서 다 중요한 것이지만, 그런 것이 우리를 하나님 앞으로 인도하는 것은 아닙니다. 나를 위해 십자가를 지신 그리스도 예수만 의지하는 그것이 온전한 믿음입니다.

'진실함'으로 하나님을 섬기는 우리의 자세가 진실해야 합니다. 진실함은 우리 입술의 고백과 그 삶이 일치를 이루는 것을 의미합니다. '우리는 여호와 하나님만 섬기겠습니다'라고 고백했으면 그렇게 살아내는 것입니다. 우상을 조금도 용납하지 않는 것입니다.

예수님은 마태복음 7장 21절에서, "나더러 주여 주여 하는 자마다 다 천국에 들어갈 것이 아니요 다만 하늘에 계신 내 아버지의 뜻대로 행하는 자라야 들어가리라" 하였습니다.

믿음의 진실함은 그 삶과 행위로 나타나는 것입니다.

"이와 같이 행함이 없는 믿음은 그 자체가 죽은 것이라, 어떤 사람은 말하기를 너는 믿음이 있고 나는 행함이 있으니 행함이 없는 네 믿음을 내게 보이라 나는 행함으로 내 믿음을 네게 보이리라 하리라,… 네가 보거니와 믿음이 그의 행함과 함께 일하고 행함으로 믿음이 온전하게 되었느니라,… 영혼 없는 몸이 죽은 것 같이 행함이 없는 믿음은 죽은 것이니라" 약 2:17-26

'진실함'은 우리가 하나님을 경외함과 그분에 대한 믿음이 그의 말씀을 지켜 행하는 삶으로 열매 맺어야 한다는 의미입니다. 삶으로 결실하지 못하는 믿음은 진실하지 못한 것입니다. 현대 그리스도인들 중 아주 많은 사람들이 고백하는 믿음과 다르게, 그 삶은 이 세상의 가치와 풍조를 따릅니다. 예배당에서 고백하는 믿음이 전혀 그 삶에 영향을 미치지 못한다는 것입니다.

진정으로 거듭난 그리스도인이라면 그 삶에서
거룩한 열매를 맺게 마련입니다. 삶으로 입증되지
않는다면 진실한 믿음일 수 없습니다.
물론 믿음의 정도에 따라 삶에서 열매 맺음도
각기 다를 수 있음을 인정합니다.

2
오직 하나만 선택하라

"만일 여호와를 섬기는 것이 너희에게 좋지 않게 보이거든 너희 조상들이 강 저쪽에서 섬기던 신들이든지 또는 너희가 거주하는 땅에 있는 아모리 족속의 신들이든지 너희가 섬길 자를 오늘 택하라 오직 나와 내 집은 여호와를 섬기겠노라 하니" 수 24:15

이방의 우상이 좋게 보이면 그것을 섬기든지, 아니면 여호와 하나님만 섬기든지 둘 중 하나를 선택하라 하였습니다. 하나님도 섬기고 이방의 우상도 섬기고 그럴 수는 없다는 것입니다. 세상에는 수많은 자연종교들이 있습니다. 자연종교들의 특징은 하나같이 우상을 만들고 그것을 섬긴다는 것입니다. 그리고 많은 자연종교는 이것도 섬기고 저것도 함께 섬길 수 있다는 것입니다.

그러나 여호와 하나님을 섬기는 것은 자연종교의 신앙관과는 전혀 다른 것입니다. '오직 여호와 하나님만 섬기라'입니다. 결코 겸하여 섬길 수 없습니다.

십계명에서 제1계명이 "나 외에 다른 신을 네게 있게 하지 말라" 입니다. 다른 신이 있지 않기 때문입니다. 만물을 창조하시고 그것들을 주장하시며, 인간의 생사화복을 주장하시는 분은 오직 여호와 하나님밖에 없기 때문입니다. 다른 신들은 모두 사람의 손으로 만든 우상이며, 사람들의 사고의 결과로 만들어진 것입니다.

"한 사람이 두 주인을 섬기지 못할 것이니 혹 이를 미워하고 저를 사랑하거나 혹 이를 중히 여기고 저를 경히 여김이라 너희가 하나님과 재물을 겸하여 섬기지 못하느니라" 마 6:24

우상은 눈에 보여지는 어떤 형상만이 아니라 우리가 하나님처럼 의지하고 신뢰하는 것들도 마찬가지라는 것입니다.

우리가 기왕에 여호와 하나님을 섬기기로
작정했다면, '오직 여호와만' 섬겨야 합니다.
그것이 하나님을 섬기는 것입니다.

3
나와 내 집은
여호와만 섬기겠다

여호수아는 이스라엘 백성들이 여호와 하나님만 섬길 것을 촉구하면서, "오직 나와 내 집은 여호와를 섬기겠노라"라고 결단하였습니다(수 24:15). 하나님의 약속을 따라 아브라함의 자손들이 약속의 땅 가나안을 기업으로 받았으니, 이제 그 땅에서 하나님의 약속하신 복락을 누리며 살아가는 것은 그들의 결단과 다짐에 달렸다는 의미입니다.

여호수아는 이제 그의 사명을 다하였고, 그래서 이 땅에서 그의 삶도 마지막에 도달한 것입니다. 그 시점에서 여호수아는 이스라엘 백성들을 모으고, 그들로 하여금 오직 하나님 신앙을 결단하도록 촉구하였습니다. 그것만이 다음 세대를 하나님의 돌아보심과 은혜 안에 살도록 하는 것이기 때문입니다.

🐟
누구든지
이 세상에 태어나 살아가는 것은
그 마지막이 있게 마련입니다.
당신은 지금 어느 시점에 서 있다고 생각합니까?

🐟
당신이 세상을 떠난 후,
당신의 자녀들과 다음 세대들을 위해
무슨 준비를 하고 있습니까?
집을 물려줄 생각입니까?
재물을 물려줄 것입니까?

그리스도인들에게 다음 세대를 위한 준비는
오직 여호와 하나님을 섬기는 믿음이어야 합니다.
그것만이 다음 세대가 하나님의 보살핌과
그 은혜를 누리는 길이기 때문입니다.

하나님의 은혜가 없다면,
하나님의 보살핌이 없다면,
여러분이 물려줄 수 있는 그 무엇도
그들은 누리지 못할 것이 분명합니다.

다음 세대를 위한 준비는 물질이 아닌 오직 하나님 신앙이 되어야 합니다. 그거면 충분합니다. 야곱은 혈혈단신으로 먼 하란 땅으로 갔지만, 하나님이 그를 보살피시고 은혜를 주셨습니다. 그러므로 야곱이 어디에 있든지 무엇을 하든지 하나님이 함께해 주셨고, 그를 지키며 형통하게 하셨던 것입니다.

여호수아의 결단과 다짐은 곧 모든 이스라엘 백성들에게 강한 영향력으로 작용하였습니다. 그들 모두는 여호수아와 여호와 하나님 앞에서 '오직 여호와 하나님만 섬기겠습니다'는 다짐을 하였습니다.

우리의 다짐과 결단은 하나님과 함께하는 삶의 시작입니다!

에세이

극동방송 방송 선교의
보람과 사연

이재옥 원로목사

어려운 여건 속에서 생활하는 동포들이 설교 말씀을 들으며 힘든 현실을 이겨낸다는 내용의 편지는 설교하는 나에게 방송 선교의 사명감을 절실히 갖게 하였습니다.

1991년 라디오 극동방송의 설교 방송에 참여하게 되었습니다. 매주 한 번씩 방송되는 프로그램입니다. 순수하게 방송 선교에 동참한다는 사명감으로 시작했는데, 생각보다 마음이 많이 쓰이는 사역이었습니다.

교회에서 설교했던 내용을 다시 15분 분량으로 다듬는 데 시간이 많이 들었고, 다양한 사람들이 특히 해외 중국을 비롯한 극동 지역에서 듣는 방송이므로 작은 실수도 있어서는 안 되었기에 더욱 긴장되는 일이었습니다.

그때 우리 교회에는 녹음할 수 있는 스튜디오 시설이 없었으므로, 매번 방송국에 가서 녹음해야 하는 것도 어려운 문제였습니다. 마포구 상수동에 있는 방송국까지 가고 오는데, 항시 교통 체증이 있었기 때문입니다.

그래도 설교를 들은 청취자들이 '말씀 듣고 은혜를 받았습니다. 도움이 되었습니다'라는 전화를 해올 때는 보람을 느끼곤 하였습니다. 또 간간이 극동 지역에서 방송국으로 보내오는 편지도 받을 수 있었습니다. 열악하고 어려운 여건 속에서 생활하는 동포들이 설교 말씀을 들으며 힘든 현실을 이겨낸다는 내용의 편지는 설교하는 나에게 방송 선교의 사명감을 절실히 갖게 하였습니다.

한번은 중국 정부의 삼자애국위원회의(종무국) 초청으로 방송 선교에 참여하는 몇 분들과 12명의 목사님들이 함께 중국을 방문하게 되었습니다. 베이징에 도착했을 때 애국위원회 서기가 공항에서 우리 일행을 영접해 주었고, 그날 저녁 식사 자리에 초대했습니다. 식사를 하면서 중국 내의 기독교 실태에 대한 간략한 설명을 들을 수 있었습니다. 중국은 종교를 허용하되 외국으로부터 선교 지원이나 선교비를 받을 수 없으며, 외국인이 중국인들 교회에서 설교하거나 간증하는 것을 허용하지 않는다고 합니다.

이튿날부터 우리나라 교포(조선족)들이 주로 살고 있는 지역들을 방문하였습니다. 상해를 거쳐 선양과 연길, 도문, 백두산까지 오르는 15일 동안의 여정으로 진행되었습니다. 그중에서 중국의 동북삼성이라고 하는 지역은 극동방송이 잘 들리고 있었습니다. 그리고 각 지역마다 교포교회들을 탐방할 수 있었는데, 삼자애국위원회 담당자가 동행했기 때문에 별다른 제약은 받지 않았습니다. 우리는 미리 준비해 간 극동방송 전용 소형 라디오 100여 개를 교포들에게 비공식적으로 전달하였습니다.

백두산 여정 중

선양조선족교회를 방문했을 때 그 교회를 담임하는 목사님은 60세쯤 되어 보이는 오애은이라는 여자목사였습니다. 그 목사님을 돕고 있는 여전도사는 목사님보다 몇 살 위로 보였습니다. 조선족 교회 현황에 대한 설명을 듣고, 함께 예배를 하고, 모임으로 기도도 할 수 있었습니다. 오애은 목사님과 삼자애 국위원회 담당자는 따로 대화할 일이 있다고 잠시 자리를 떴습니다. 그 사이에 여전도사가 몇 권의 큰 노트를 들고 왔는데, 극동방송의 설교 방송을 들으면서 그동안의 설교 말씀들을 받아 적은 것이라고 했습니다.

중국은 종교를 허용하되 외국으로부터 선교지원이나 선교비를 받을 수 없으며, 외국인이 중국인들 교회에서 설교하거나 간증하는 것을 허용치 않습니다.

조선족 교회

설교 노트를 받아 읽어보면서 마음에 잔잔한 감동이 일었습니다. 그런데 그 노트에 제가 방송했던 설교가 몇 편 있는 것을 발견했습니다. 제 이름을 듣고 그 설교자가 저라는 것을 알자, 여전도사는 화들짝 놀라며 반가워했습니다. 그리고는 흥분을 감추지 못하고, "목사님의 설교는 어렵지 않아 이해가 잘되었고 받아 적기도 쉬웠어요!"라고 말하는 것이었습니다. 그러면서 앞으로도 중단 없이 계속 좋은 설교를 듣게 해 달라고 부탁했습니다.

그 설교 노트는 '처소'라고 하는 지하교회들에 전달된다는 것을 알게 되었을 때, 더 큰 보람과 감동을 느꼈습니다. 처소에는 작게는 네다섯 명 정도 모이지만, 큰 곳은 몇십 명씩 모인다고 합니다. 그런데 한글 성경을 구하는 게 쉽지 않아서 교인들은 아예 성경 한 권씩을 (쪽성경으로) 통째로 외운다고 했습니다.

그렇게 7년 정도 방송 선교를 하였는데, 지금 돌이켜보아도 정말 마음이 뿌듯하고 또한 선교 사역의 보람을 느낄 수 있는 시간이었습니다.

하나님은
오직 성경을 통해서만
말씀하시며,
설교자를 들어
대언하기
원하십니다.

APPENDIX 1

# 화평교회 43년의 발자취

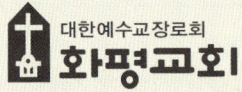

대한예수교장로회 화평교회

화평한 교회! 그리스도인과 하나님 관계, 그리스도인과 그리스도인 관계
화평케 하는 교회! 사람들을 하나님께, 이웃과 이웃

1979

- 3.11   교회 설립 준비모임
- 4.28   화평교회 설립(서울 동노회 승인)

- 6.6   이재옥 목사 임직(서울 동노회), 권영옥 장로, 조성대 장로 취임

- 11.1   영광교회 개척 지원 (강화 좌점면 이강리)

1981   4.25   강동구 암사동 소재 건물로 예배당 이전

1985   2.24   우성상가에 예배당 이전 입당 예배하다

1986   1.   1천 명 교인 달성
9.7   손찬영 선교사 필리핀 파송하다 (CCC와 공동)

1988   4.23   진주화평교회 개척 (조재은 목사)
10.10 군포화평교회 개척 (정락진 목사)
10.13 쿠알라룸푸르 한인교회 개척 (김기홍 목사)

1989   10.1   예배당 확장하다 (600석)

1990 · 7. 광양(순천)화평교회 개척하다 (강동열 목사)

1991 · 4.4. 극동방송 방송 선교 시작하다
     11.11 여천(여수)화평교회 개척하다 (최낙현 전도사)

1993 · 11.14 장학부 신설하다

1994 · 8.27 원주화평교회 개척하다 (권순태 목사)
     6. 이재옥 목사 목회학 박사학위 취득 (International 하와이)

1996 · 6. 하남화평교회 개척하다 (양진우 목사)

1997 · 청년교구 조직 (행정, 예배, 재정 독립)

1999 · 4.25 화평교회 설립 20주년 기념예배하다 (교회 발자취 편집 출간)

2001 · 6.28 천안화평교회 개척하다

2002 · 7.13 예배당 3층 개축하여 입당하다

12. 연소화평교회 개척하다 (순천화평교회 공동/임종만 목사)

2003 · 1.11 이재옥 목사 총회 유지재단 이사장 취임하다

10. 교사대학 설립하다
   이사 : 조성대 전창호 고락찬 안진회 김형열 전순배 이신복 최병석
   이덕규 이상근 김성목 윤건식 안동석 장금숙 이광숙

2005 · 11.27 정재훈 선교사 캄보디아 파송하다

2006
6. 교사대학 2기 이사회 구성하다

　　이사 : 조성대 김형열 안진회 전창호 이경희 김영춘 안동석 최병석
　　　　　이상근 김성목 문인택 이덕규 이규식 조규향 김연순

이재옥 목사 강동구 기독교연합회 대표회장 취임하다
6.26-30　청년교구 캄보디아 비전트립

2008
6.21　수원화평교회 개척하다 (천준호 목사)
12.　이상헌 목사 남아프리카공화국 선교사 파송하다

2009
3.　이재옥 목사 안양대학교 신학대학원 연구교수 임용되다 (조교수)

2012		병점(동탄)화평교회 개척하다 (이덕규 집사 협력, 이상헌 목사)
2013	6.2	예배당 엘리베이터 설치
	12.	이재옥 목사 안양대학교 연구교수 사임하다
2017	3.28	부산화평교회 개척하다 (진주화평 공동, 김피득 목사)
2018	12.	캄보디아 예배당 건축하다 (2021.12. 완공, 3억7백만 원)

2020	1.	코로나19 펜데믹
	11.29	이상헌 목사 임시담임 청빙 결정하다
2021	3.1	이상헌 담임목사 (임시) 부임하다
2022	2.27	이상헌 목사 위임 결정하다 (공동의회)
	4.24	이상헌 위임목사 취임
		이재옥 원로목사 추대 (43년 시무)
		1981-2020 화평의 강당 사경회 26회 열다 (교재 출간)

APPENDIX 2

화평지교회·화평선교회
사역의 현장

군포화평교회

지역 경기도 군포시 당동 26블럭 1롯트
담임목사 정락진
설립년도 1988

진주화평교회

지역 경남 진주시 소호로 80번지
담임목사 조재은
설립년도 1988

KL한인연합교회

지역
담임목사 김기홍
설립년도 1988

순천화평교회

지역 전남 순천시 해룡면 상삼리 622-15
담임목사 강동열
설립년도 1990

여수화평교회

지역 전남 여수시 신기동 14-10
담임목사 신매우
설립년도 1991

원주화평교회

지역 강원도 원주시 단계동 718-2
담임목사 권순태
설립년도 1994

초이화평교회

지역 경기도 하남시 초이동 261-5
담임목사 양진우
설립년도 1996

천안화평교회

지역 충남 천안시 성정2동 629-7
담임목사 이춘필
설립년도 2001

연소화평교회

지역 전남 고흥군 금산면 신전리 186
담임목사 임종만
설립년도 2002

수원화평교회

지역 경기도 수원시 장안구 정자동 32-15
담임목사 천준호
설립년도 2008

동탄화평교회

지역 경기 화성시 병점동 817 신창(아)주상가
담임목사 서준용
설립년도 2012

부산화평교회

지역 부산시 수영구 광일로 14번길 14 2층
담임목사 김피득
설립년도 2017

익금화평전원교회

지역 전남 고흥군 금산면 익금해변길 56
담임목사 천상식
설립년도 1999

옥룡화평교회

지역 전남 고흥군 금산면 옥룡마을길 105
담임목사 장종태
설립년도 2000

금동화평교회

지역 전남 고흥군 대서면 온동길 82
담임목사 주현광
설립년도 2004

화평낙도선교센터

지역 전남 진도군 조도면 읍구길 4
담임목사 윤현수
설립년도 2005

청산화평교회

지역 전남 여수시 율촌면 청대길 142-21
담임목사 송명호
설립년도 2013

"너희는 세상의 빛이라"
_마태복음 5:14

이 책이 나오기까지
모든 과정을 인도하신 하나님께
모든 영광과 감사를 올려 드립니다.

이 책을 통하여 예수 그리스도의 복음이 더욱 왕성히 전해지기를 기도하며
책을 읽는 모든 독자들의 가정과 교회 위에
하나님의 복 주심이 항상 넘치기를 바랍니다. 할렐루야!

이재옥 목사 설교집
행복한 예배자

1판 1쇄 발행 | 2022년 4월 20일

지은이 | 이재옥

펴낸이 | 이경희
펴낸곳 | 도서출판 인터웰

기획 | 화평교회 편집부
편집/교정/디자인 | 최영주

등록 | 2007년 5월 3일 제1-4615호
주소 | 서울시 중구 퇴계로 39길 5-5
전화 | 02-2268-8871(팩스 겸용)

ⓒ이재옥 2022
ISBN 978-89-93872-62-0 03200

저작권자의 허락없이 이 책의 일부 또는 전체를
무단 복제, 전재, 발췌하면 저작권법에 의거 처벌 받습니다.